Lieblingsrätsel
Wörter und Wissen

ÜBER DEN AUTOR:

Stefan Heine, Jahrgang 1969, ist Deutschlands bekanntester Rätselmacher. Der dreifache Vater ist Autor von über 100 Rätselbüchern, davon viele für Kinder und Jugendliche, getestet vom eigenen Nachwuchs. Von Hamburg aus versorgt der gebürtige Eckernförder unzählige Zeitungen, Zeitschriften, TV-Sender und Internetportale mit kreativem Denksport aller Art, und das seit fast 25 Jahren. Er machte Sudoku in Deutschland groß und führte die Nationalmannschaft zum Weltmeistertitel.

STEFAN HEINE

LIEBLINGS-RÄTSEL

WÖRTER UND WISSEN

CARLSEN

MIX
Papier aus verantwortungsvollen Quellen
FSC® C083411
FSC
www.fsc.org

Veröffentlicht im Carlsen Verlag
Mai 2019

Umschlag- und Innenillustrationen:
Sascha von Pander @ Presse Service Stefan Heine und freepik, lizensiert von Presse Service Stefan Heine
Umschlag- und Innengestaltung: Presse Service Stefan Heine
Lektorat: Hugo Heine und Riva Wagner
Corporate Design Taschenbuch: bell étage
ISBN 978-3-551-31819-0

HALLO RÄTSELFAN!

Du löst gern Buchstabenrätsel und auch sonst gefallen dir Worte viel besser als Zahlen? Dann bist du hier genau richtig! Quiz, Kreuzwörter, Geheimcodes, Brückenrätsel, Buchstabensalate und viele weitere Rätselarten, überprüft von unseren Cheftestern Riva und Hugo (9 Jahre), warten nur darauf, von dir gelöst zu werden.

Ich wünsche dir viel Spaß mit diesem Buch!

Dein
Stefan Heine

Buchstabensalat

Ob waagerecht, senkrecht, schräg: Finde die nachfolgenden Wörter und streiche sie aus! Gesucht werden Wörter, die mehrere **Menschen** oder **Tiere** beschreiben.

CLIQUE
FAMILIE
GRUPPE
MANNSCHAFT
PARTEI
QUARTETT
QUINTETT
RUDEL
SCHWARM
SEXTETT
VEREIN

R	S	I	Q	U	S	F	Q	U	I	N	T	E	T	T
Q	G	E	I	U	T	N	E	N	C	I	W	A	F	C
U	U	H	E	T	A	U	C	L	S	L	F	I	Q	E
A	G	S	E	X	T	E	T	T	C	N	I	T	E	I
R	U	D	E	L	S	P	F	T	H	E	C	Q	F	P
T	E	H	P	A	R	T	E	I	W	I	I	T	U	U
E	I	M	A	N	N	S	C	H	A	F	T	T	U	E
T	M	G	R	U	P	P	E	I	R	L	M	Q	I	R
T	X	T	T	C	A	E	F	A	M	I	L	I	E	I
E	E	A	C	T	N	P	E	V	E	R	E	I	N	T

Wenn du genau hinschaust, kannst du vielleicht noch weitere Wörter finden.

LEBENSRAUM

Von den acht Zeichnungen
gehören jeweils zwei zusammen.

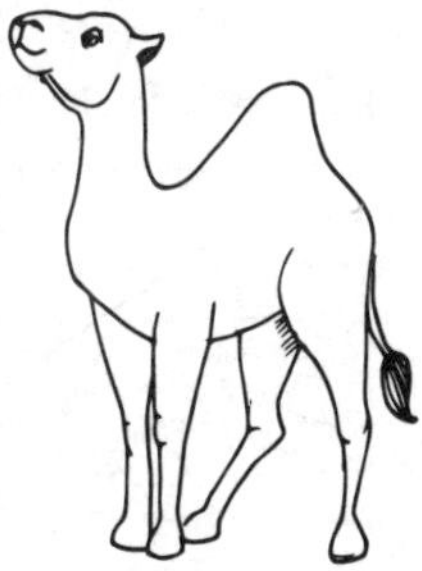

Kannst du sie
einander zuordnen?

GEHEIMCODE

____ ____ ____ ____

Wenn du alle Felder mit Punkt ausmalst, entdeckst du eine Pflanze. In welcher Geschichte spielt sie eine wichtige Rolle?

- O Aladin und die Wunderlampe
- O Hänsel und Gretel
- O Die Schöne und das Biest
- O Rumpelstilzchen

TIER GESUCHT

Das gesuchte Tier lebt mit Artgenossen in einem Rudel zusammen. Im Englischen bezeichnet man so ein Rudel als »pride«, was übersetzt »Stolz« bedeutet. Die meist alle miteinander verwandten Weibchen eines Rudels bleiben in der Regel ihr Leben lang beieinander. Männchen hingegen werden nach nur wenigen Jahren von stärkeren Rivalen vertrieben. Der Fleischfresser ist kein ausdauernder Läufer, weswegen er sich nahe an seine Beute heranschleicht, um sie zu überraschen. Er zählt zu den »Big Five« Afrikas und wird auch König der Tiere genannt.

Gesucht wird:

_ _ _ _

ICH BIN NICHT GESUCHT, ABER WUSSTEST DU SCHON, DASS ICH SOGAR KROKODILE FRESSE?

Brückenrätsel

Diese Wörter gehören in die leeren Kästchen. Jedes eingesetzte Wort muss im Gitter zum Wort davor passen und zu dem danach. Wenn du alles gelöst hast, ergibt sich hier von oben nach unten das Lösungswort.

STIFT								WURZEL
FISCH								BULLE
KOCH	K	U	N	S	T			HANDLUNG
RÜCKEN								JACKE
WERK								NOTE
KAMIN								WEHR
BANK								GEBIET
SCHUB								STATION
WUCHER								GELD
GARTEN								KÖNIG

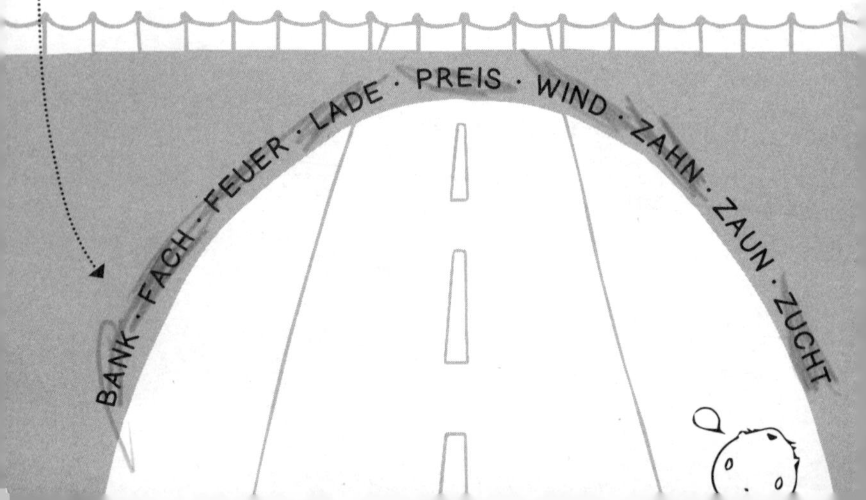

VERSCHLÜSSELT

Diese Nachricht kannst du nur entschlüsseln, wenn du die Buchstaben jeweils durch den im ABC davorliegenden Buchstaben ersetzt.

B ist A

D ist C

BCXBSUFO

VOE

UFF

USJOLFO

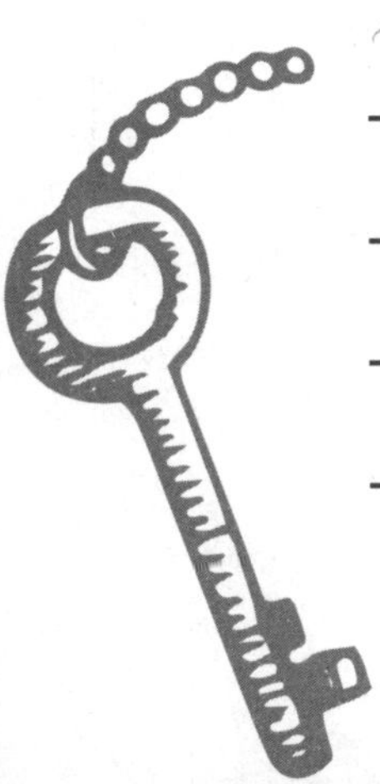

_ _ _ _ _ _ _ _

_ _ _

_ _ _

_ _ _ _ _ _ _

DURCHEINANDER

Die Wörter in den Kästchen sind durcheinandergeraten und nach dem ABC sortiert. Kannst du sie in der richtigen Reihenfolge in die leeren Kästchen schreiben? Fange immer in Pfeilrichtung an. Als kleine Hilfe siehst du unten schon, welche Wörter im Rätsel vorkommen.

	AEEM NNO	EGNRU					EEDR
							AEG NOR
EEEM RSST		AELMN		DIO			
AMN / LOS				DOU			
			ANRU				
DEIN / ENR					AG		
			EELO				

Das sind die gesuchten Begriffe:

AAL - AG - ANEMONE - ERDE - GRUEN - IDO - LEITER - MALEN - MAN - NEID - OELE - ORANGE - REN - SAURIER - SEMESTER - SOL - UDO - URAN

EIN SCHWARM FLEDERMÄUSE

UND WER HAT SICH DA EINGESCHLICHEN?

QUIZ

WELCHE BLUME HAT BLAUE BLÜTENBLÄTTER?

- Rose
- Sonnenblume
- Vergissmeinnicht
- Nelke

KREUZWORTRÄTSEL

Falls du ein wenig Hilfe benötigst, findest du unter dem Rätsel die gesuchten Begriffe.

vorderer Teil eines Schiffs		Funk-ortungs-verfahren		Welt-raum		Früh-jahrs-blume		von jenem Zeitpunkt an
Ferien-gast								
				Ritze, Riss		Zirkus-akrobat		kurz für ‚zu dem'
genau gleich	Haupt-stadt von Ägypten		heimi-scher Vogel, Sperling					
Kinder-theater-puppe							plötz-licher Einfall	
			Tier auf der Alm-wiese		‚... und Struppi', (Comic)			
fertig gekocht		Klei-dungs-stück						nicht sie, son-dern ...
					großes Gewässer			
Würz-, Heil-pflanze		Akten-mappe						

Das sind die gesuchten Begriffe:

Waagerecht:
EGAL - GAR - HEFTER - KASPER - KLEID - KRAUT - SEE - SPATZ - TIM - URLAUBER

Senkrecht:
ALL - ARTIST - BUG - ER - IDEE - KAIRO - KUH - RADAR - SEIT - SPALTE - TULPE - ZUM

AUFSTRICH

Gesucht wird etwas, das sich mancher auf sein Frühstücksbrot schmiert. Der Anfangsbuchstabe ist der größte Buchstabe.

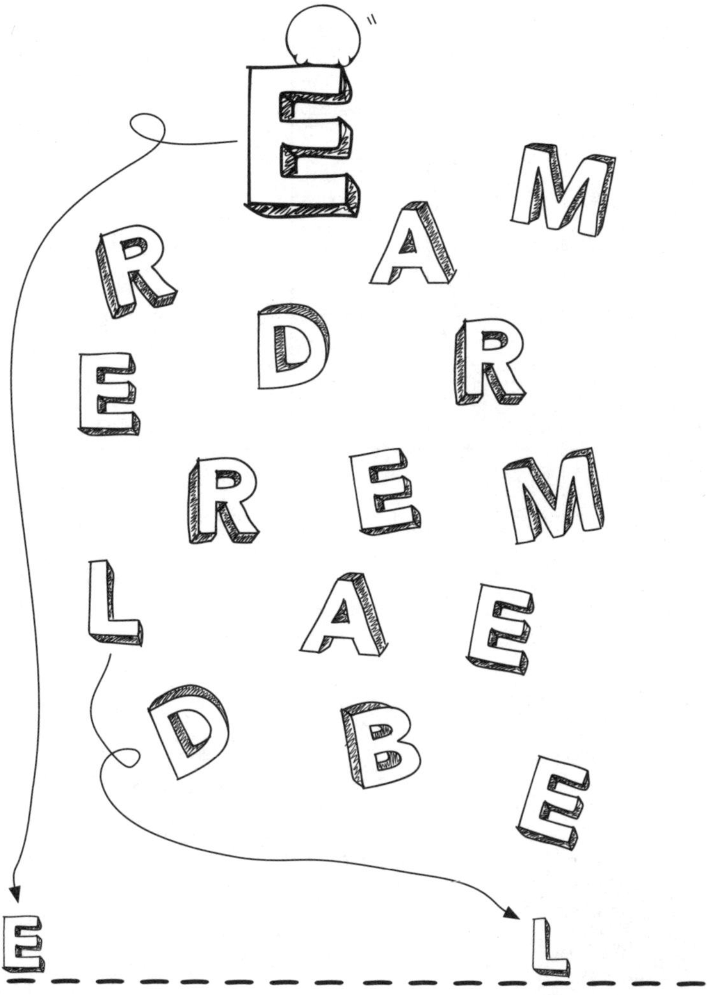

KREUZGITTER

Setze die Wörter so in das Kreuzwortgitter ein, dass alle Wörter ihren richtigen Platz erhalten. Im Gitterfeld darf kein Feld frei bleiben.

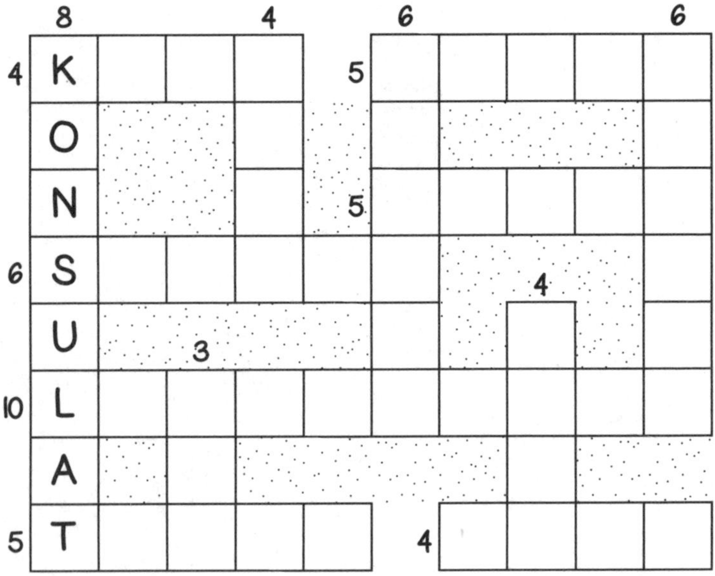

STREICHE HIER ALLE WÖRTER DURCH, DIE DU SCHON EINGESETZT HAST.

3 FIT
4 GNOM, KAMM, MEGA, ULAN
5 NELKE, TOTEM, TROLL
6 LIEBEN, STRAND, TUNDRA
8 ~~KONSULAT~~
10 LUFTBALLON

BILDERRÄTSEL

Kannst du das Schwedenrätsel lösen?

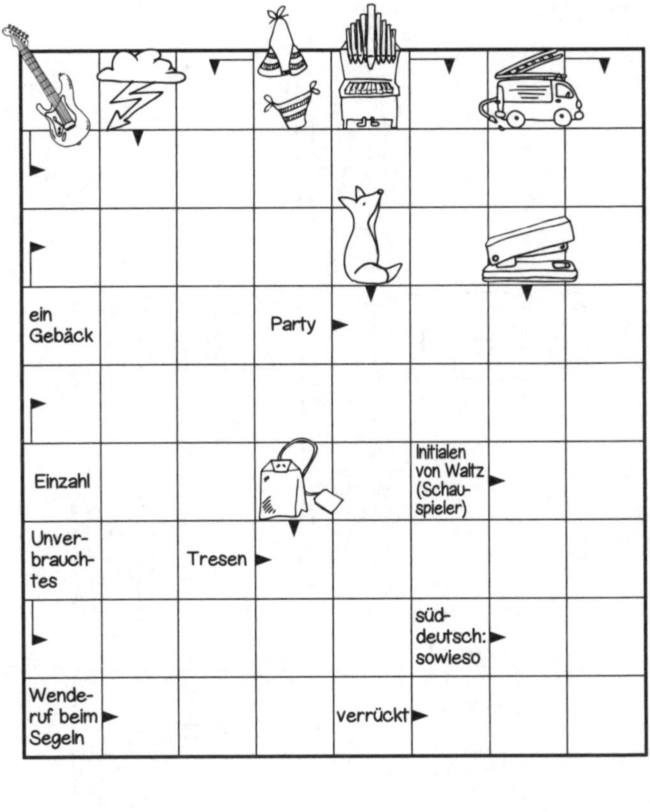

Waagerecht:
CW - EGITARRE - EH - FETE - IRR - KEKS - NEUES - REE - SINGULAR - THEKE

Senkrecht:
BIKINI - FEUERWEHR - FUCHS - GEWITTER - ORGEL - TACKER - TEE

STREICHE HIER ALLE WÖRTER DURCH, DIE DU SCHON EINGESETZT HAST.

KREUZWÖRTER

In den Kreuzen fehlt jeweils ein Buchstabe. Wenn du die richtigen einsetzt, ergeben sich sechs Begriffe rund um die **Natur**.

BUCHSTABENSALAT

Ob waagerecht, senkrecht, schräg: Finde die nachfolgenden Wörter und streiche sie aus! Gesucht werden Wörter, die mit **Hausbau** zu tun haben.

BALKON
DECKE
FENSTER
HAUSTUER
INNENWAND
KAMIN
KELLER
TERRASSE
~~TOILETTE~~
TREPPE
TUERRAHMEN
WASSERHAHN

I	I	E	T	N	A	E	T	N	A	E	H	T	C	W
E	I	E	U	H	N	S	E	E	E	U	T	E	R	A
H	N	S	E	S	E	H	R	K	O	A	E	L	K	S
A	N	I	R	F	U	K	R	T	R	E	P	P	E	S
U	E	B	R	I	E	U	A	W	D	D	E	C	K	E
S	N	A	A	K	T	N	S	M	K	E	L	L	E	R
T	W	M	H	L	S	U	S	R	I	A	A	E	A	H
U	A	A	M	R	K	D	E	T	N	N	P	A	O	A
E	N	T	E	E	T	O	I	L	E	T	T	E	E	H
R	D	P	N	P	R	R	N	F	A	R	W	W	E	N

Wenn du genau hinschaust, kannst du vielleicht noch weitere Wörter finden.

NACHWUCHS

„Ich bin ein Schnabeltier."

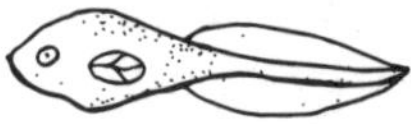

Von den acht Zeichnungen gehören jeweils zwei zusammen.

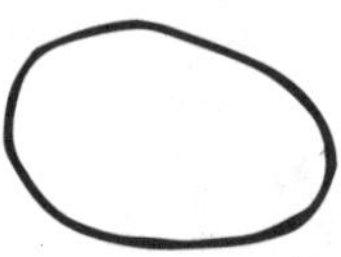

Kannst du sie einander zuordnen?

GEHEIMCODE

_ _ _ _

Wenn du alle Felder mit Punkt ausmalst, entdeckst du eine Getreidesorte. Kreuze an, welche Leckerei aus ihr hergestellt wird.

- O Zuckerwatte
- O Marzipan
- O Schokolade
- O Popcorn

TIER GESUCHT

Das gesuchte Tier ist das größte seiner Art. Ausgewachsen kann es eine Schulterhöhe von über zwei Metern und eine Länge von bis zu drei Metern erreichen. Der Pflanzenfresser kann auch als einziger seiner Art unter Wasser fressen. Dies ermöglichen ihm seine verschließbaren Nasenlöcher. Auf der Flucht vor Feinden rettet sich der Paarhufer gerne ins Wasser, denn er kann noch stehen, wo Raubtiere schwimmen müssten. Auf dem Kopf trägt er ein Geweih, das aus Spießen und Schaufeln besteht.

Gesucht wird:

_ _ _ _

ICH BIN NICHT GESUCHT,

ABER WUSSTEST DU SCHON, DASS ICH MEINEN KOPF FAST EINMAL GANZ HERUMDREHEN KANN?

Brückenrätsel

Diese Wörter gehören in die leeren Kästchen. Jedes eingesetzte Wort muss im Gitter zum Wort davor passen und zu dem danach. Wenn du alles gelöst hast, ergibt sich hier von oben nach unten das Lösungswort.

NACH								LAMPE
STEIG								EISEN
EDEL								BUTT
REISE								FAHNDUNG
SCHWARZ	D	R	O	S	S	E	L	BART
ZUSAMMEN								ZAHN
STERN								ZIMMER
REGEN								GANG
FINGER								FEILE
FELD								SCHAFT

VERSCHLÜSSELT

Diese Nachricht kannst du nur entschlüsseln, wenn du die Buchstaben jeweils durch den im ABC dahinterliegenden Buchstaben ersetzt.

B ist C

D ist E

VDQ

MHBGS

VHKK,

CDQ

GBS

RBGNM

B ist hier A

_ _ _

_ _ _ _ _

_ _ _ _ ,

_ _ _

_ A _

_ _ _ _ _

DURCHEINANDER

Die Wörter in den Kästchen sind durcheinandergeraten und nach dem ABC sortiert. Kannst du sie in der richtigen Reihenfolge in die leeren Kästchen schreiben? Fange immer in Pfeilrichtung an. Als kleine Hilfe siehst du unten schon, welche Wörter im Rätsel vorkommen.

EEN RST		ABERU		AABD HLLN			EIKN
							EKN NOT
DEKN NRUU		IKKOS		IKN			
EIN / DEO							
			AKPT				
AKY	EIL LST						
			KLNO				

Das sind die gesuchten Begriffe:

BRAUE - DEO - HANDBALL - KIOSK - KLO - KLON - KNIE - KNOTEN - NIE - NIK - PAKT - PIK - STERNE - STILLE - TURBAN - URKUNDEN - YAK

KANNST DU ERKENNEN, MIT WELCHEM BESTECK MAN KEINE SUPPE LÖFFELN KANN?

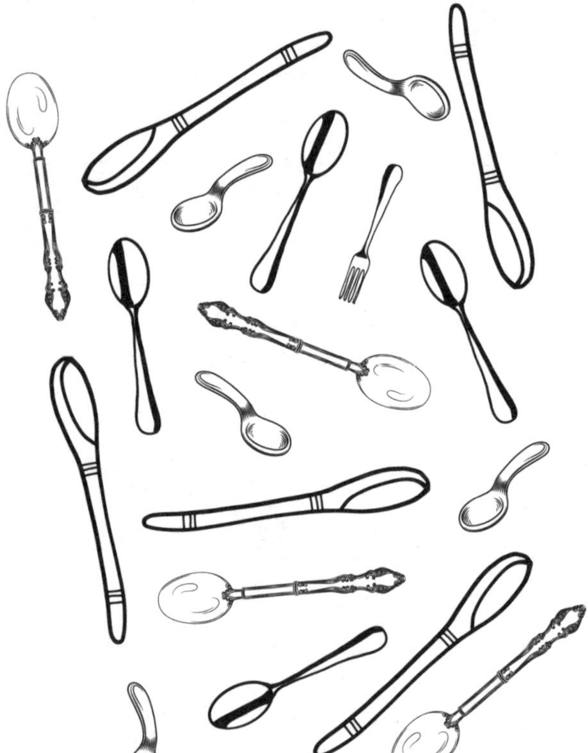

QUIZ

WAS KANN MAN ESSEN?

- O Fliegenpilz
- O Miesmuschel
- O Sandstein
- O Nudelholz

KREUZWORTRÄTSEL

Falls du ein wenig Hilfe benötigst, findest du unter dem Rätsel die gesuchten Begriffe.

großes Wasserbecken		Jahrmarktsvergnügen			Gelenk am Bein	Frauenname		Eisenbahn / große Feier
					das Ansehen eines Menschen			
Fragewort		mehrere						
					hochhieven		geballte Hand	
Verletzung der Haut (Hitze)	Blätterkleid der Bäume	Ausruf der Überraschung		Freiheitsstrafe				
Atemorgan						Großstadt in Brasilien		Getränk aus Kräutern
				Jungtiere verschiedener Tierarten				
rücksichtsvoll, korrekt		fleißiges Insekt						
Waschraum in der Wohnung				Zensur für eine Klassenarbeit				

Das sind die gesuchten Begriffe:

Waagerecht:
AMEISE - BAD - BLASE - BRUT - EINIGE - FAIR - HAFT - LUNGE - NOTE - RUF - WOHIN

Senkrecht:
FAUST - FEST - HEBEN - KNIE - LAUB - POOL - RIESENRAD - RIO - RITA - TEE - UI - ZUG

HMMM, LECKER!

Gesucht wird ein leckerer Nachtisch.
Der Anfangsbuchstabe ist der größte Buchstabe.

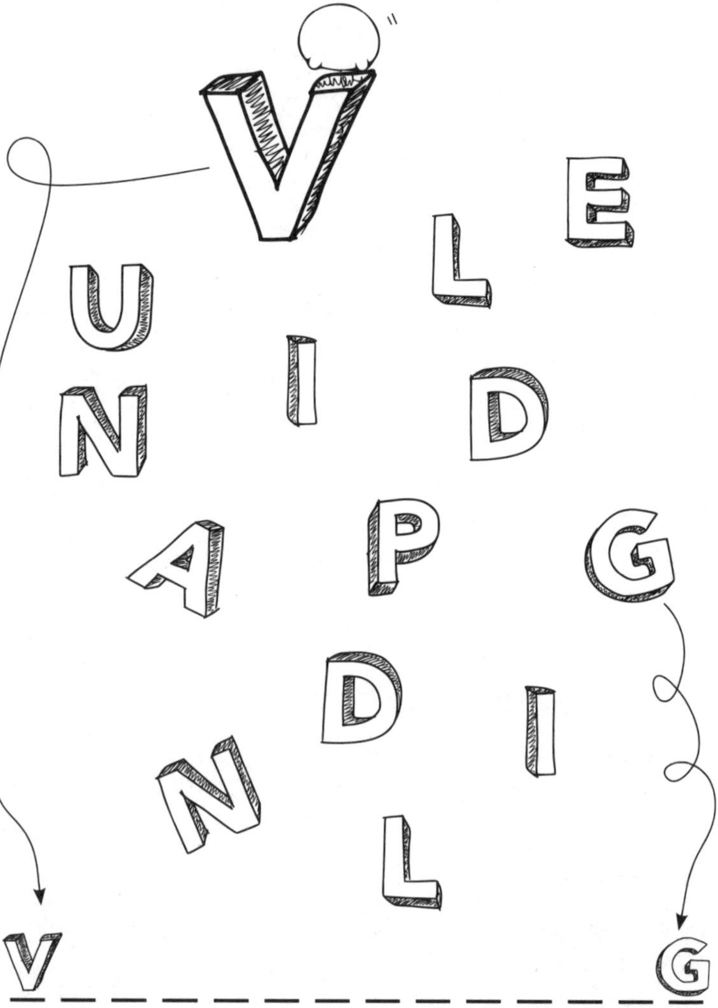

KREUZGITTER

Setze die Wörter so in das Kreuzwortgitter ein, dass alle Wörter ihren richtigen Platz erhalten. Im Gitterfeld darf kein Feld frei bleiben.

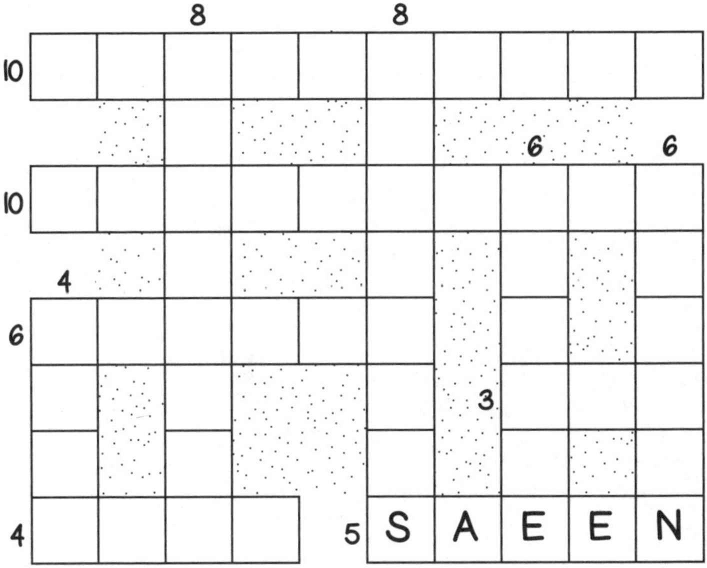

STREICHE HIER ALLE WÖRTER DURCH, DIE DU SCHON EINGESETZT HAST.

3 REH
4 KINN, TALK
5 ~~SAEEN~~
6 CHARME, EICHEN, TASCHE
8 REISEBUS, SOLISTIN
10 GOLDFISCHE, WASSERFALL

BILDERRÄTSEL

Ganz unten findest du alle gesuchten Wörter!

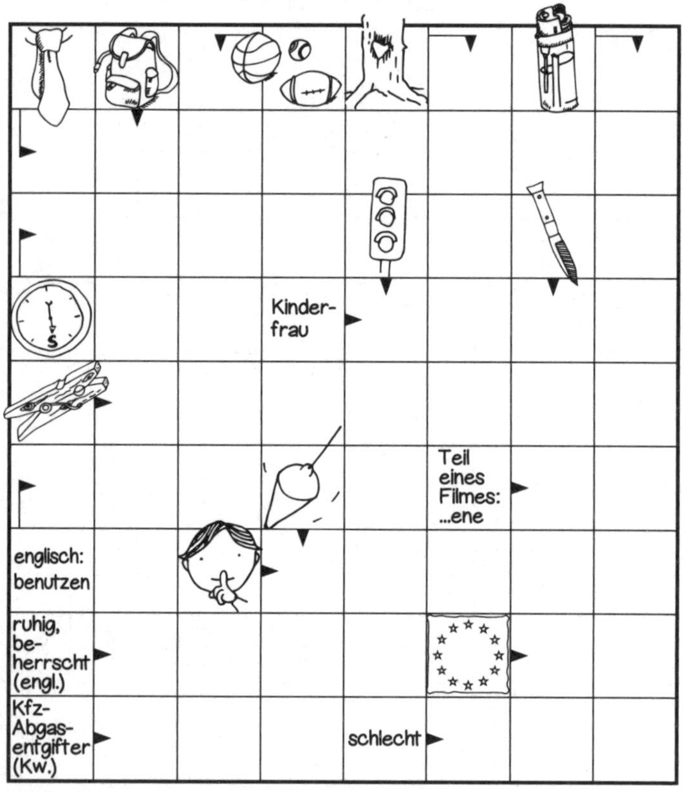

Waagerecht:
AMME - ARG - COOL - EU - KAT - KLAMMER - KRAWATTE - LEISE - SUED - SZ - USE

Senkrecht:
AMPEL - BAELLE - FEUERZEUG - LOT - MESSER - RUCKSACK - STAMM

STREICHE HIER ALLE WÖRTER DURCH, DIE DU SCHON EINGESETZT HAST.

KREUZWÖRTER

In den Kreuzen fehlt jeweils ein Buchstabe. Wenn du die richtigen einsetzt, ergeben sich sechs Begriffe rund ums Essen.

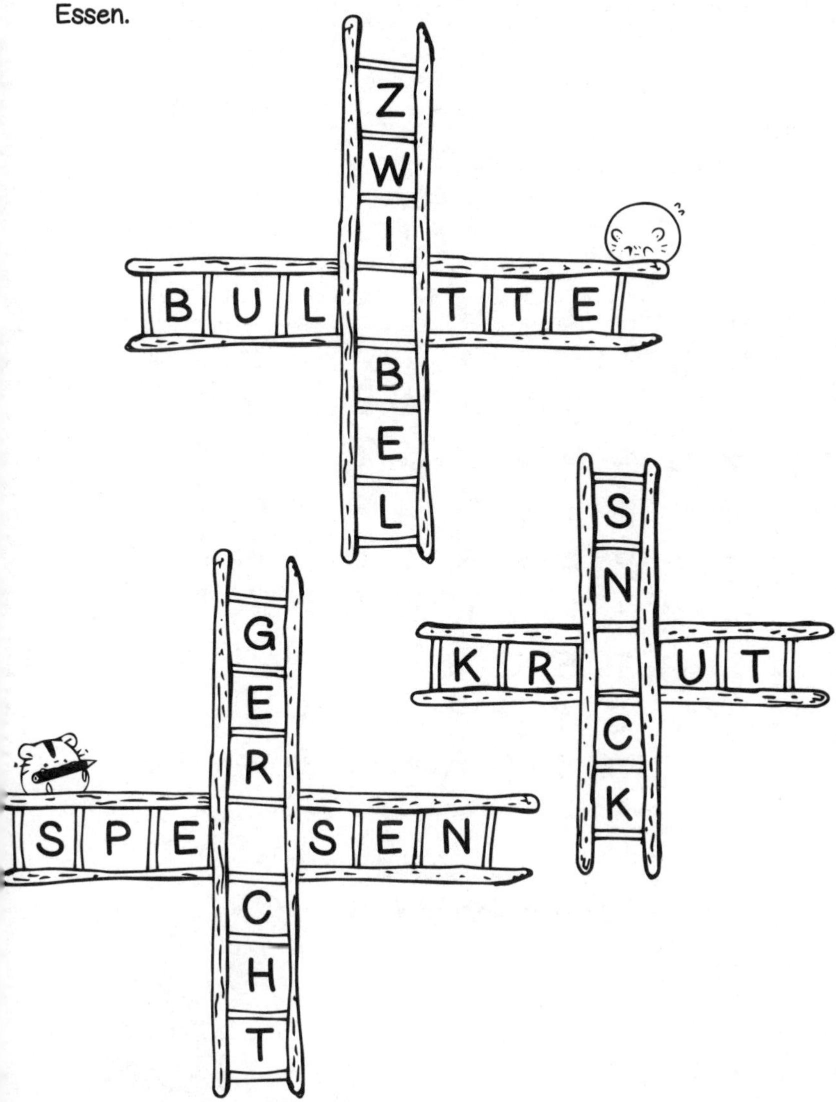

BUCHSTABENSALAT

Ob waagerecht, senkrecht, schräg: Finde die nachfolgenden Wörter und streiche sie aus! Gesucht werden **Vögel**, die in Deutschland zu Hause sind.

AMSEL
BERGFINK
GIMPEL
KLEIBER
LERCHE
NACHTIGALL
~~TANNENMEISE~~

R	R	L	E	B	I	L	B	A	E	F	I	A	I	L
A	N	G	R	T	A	N	N	E	N	M	E	I	S	E
S	L	N	B	S	N	A	M	E	R	N	N	G	N	E
K	F	N	G	N	A	C	H	T	I	G	A	L	L	I
L	A	L	E	I	C	N	E	I	K	M	F	C	B	K
E	T	A	R	A	E	R	I	B	N	M	N	I	L	N
I	I	E	I	L	M	E	N	L	H	A	N	E	N	A
B	I	G	T	E	L	S	H	N	M	N	G	C	E	K
E	L	H	G	I	M	P	E	L	L	E	R	C	H	E
R	K	I	M	I	I	R	K	L	N	E	H	I	I	N

Wenn du genau hinschaust, kannst du vielleicht noch weitere Wörter finden.

Sportlich

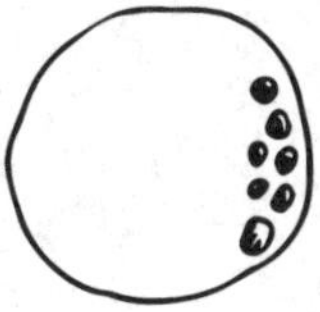

Von den sechs Zeichnungen gehören jeweils zwei zusammen.

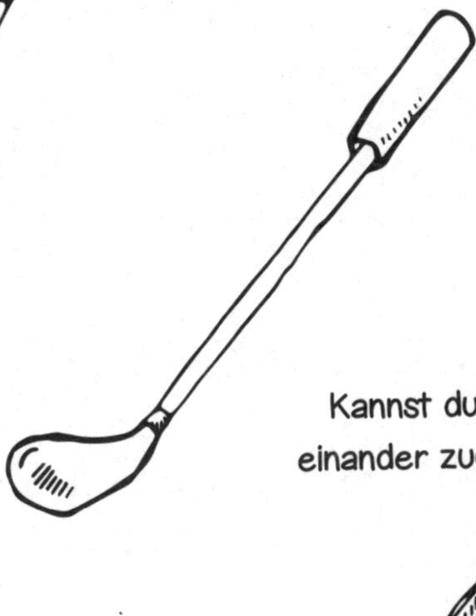

Kannst du sie einander zuordnen?

GEHEIMCODE

_ _ _ _ _

Wenn du alle Felder mit Punkt ausmalst, entdeckst du eine Filmart. Kreuze an, worum sich die Handlung dabei immer dreht.

- O um ein Verbrechen
- O um einen Zauberer
- O um einen Hund
- O um eine Erfindung

TIER GESUCHT

Das gesuchte Tier hat einen großen Wasserbedarf. Findet es nichts zu trinken, zieht es weiter – manchmal sogar einem Regenschauer hinterher. Es lebt meist alleine, allerdings kann es bei Nahrungsknappheit auch zu »Massenwanderungen« von vielen tausend Tieren kommen. Um die Ernte der Bauern Australiens davor zu schützen, wurde ein über 1000 km langer Zaun errichtet. Die Eier des flugunfähigen Vogels werden vom Vater ausgebrütet. Nach dem Schlüpfen bleiben die Küken noch mehrere Monate beim Hahn, der sie selbst gegen die Henne verteidigt.

Gesucht wird:

_ _ _

ICH BIN NICHT GESUCHT, ABER WUSSTEST DU SCHON, DASS ICH ETWA 45 METER WEIT GLEITEN KANN?

Brückenrätsel

Diese Wörter gehören in die leeren Kästchen. Jedes eingesetzte Wort muss im Gitter zum Wort davor passen und zu dem danach. Wenn du alles gelöst hast, ergibt sich hier von oben nach unten das Lösungswort.

EHREN								PAPIER
HOCH								BLATT
RISIKO								MARKE
MINI								SPIELER
FLUSS								TIER
VIEL		L	E	I	C	H	T	ATHLET
SPINNEN								BALL
BENZIN								WERT
EUROPA								SICHT
RING								KUPPE

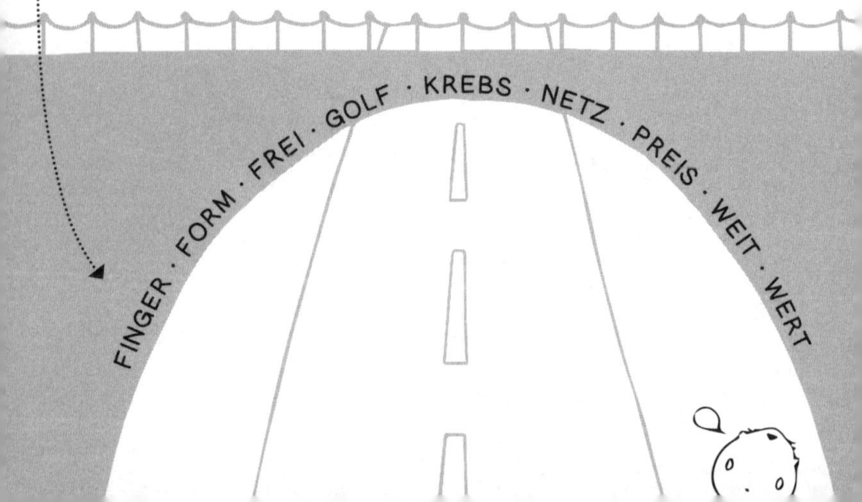

VERSCHLÜSSELT

Diese Nachricht kannst du nur entschlüsseln, wenn du die Buchstaben jeweils durch den im ABC davorliegenden Buchstaben ersetzt.

B ist A

D ist C

IJOUFSIFS

JTU

NBO

JNNFS

TDIMBVFS

_ _ _ _ _ _ _ _ _

_ _ _

_ _ _

_ _ _ _ _

_ _ _ _ _ _ _ _

DURCHEINANDER

Die Wörter in den Kästchen sind durcheinandergeraten und nach dem ABC sortiert. Kannst du sie in der richtigen Reihenfolge in die leeren Kästchen schreiben? Fange immer in Pfeilrichtung an. Als kleine Hilfe siehst du unten schon, welche Wörter im Rätsel vorkommen.

	AEEM NNO	EINTZ		EKN NOT			EEFH
							BEE IRT
		DEIRW		FOT			
IMT / DOT				AEN		AOT	
ENNO / DER					AB		
			AELO				

Das sind die gesuchten Begriffe:

AB - ALOE - ANEMONE - DER - ENA - ENTE - GEWITTER - HEFE - KNOTEN - LATERNE - MIT - NEON - OFT - TAO - TOD - TRIEBE - WIDER - ZENIT

UI, HIER SIND ABER VIELE LEUTE ENTLANGGEGANGEN. EINER HATTE EINEN HUND DABEI.

FINDEST DU IHN?

QUIZ

WAS FÜR EIN HAUSTIER HAT CONNI?

- O Hund
- O Katze
- O Goldfisch
- O Schildkröte

KREUZWORTRÄTSEL

Falls du ein wenig Hilfe benötigst, findest du unter dem Rätsel die gesuchten Begriffe.

Schmuck		altägyptische Königin		mit Wasser reinigen		nicht weit entfernt		nicht ohne / Stock, Stange
				Gewürz zum Printenbacken				
Nummer		Teil der Woche		Gegenteil von ‚hungrig‘				
langbeiniger Vogel							übergroßer Mensch	
...stadt				nicht lieblich, sondern ...				
				Körperteil		Tier auf der Weide		nicht glatt
großartig, hervorragend		Ölschiff						
					Vereinigte Staaten von Amerika			
unbeweglich		kurz für ‚an dem‘			Tierfutter			

Das sind die gesuchten Begriffe:

Waagerecht:
AM - ANIS - HERB - HEU - KAP - MEGA - SATT - STARR - STORCH - TANKER - USA - ZAHL

Senkrecht:
ARM - HALSKETTE - KLEOPATRA - KUH - MIT - NAHE - RAU - RIESE - STAB - TAG - WASCHEN

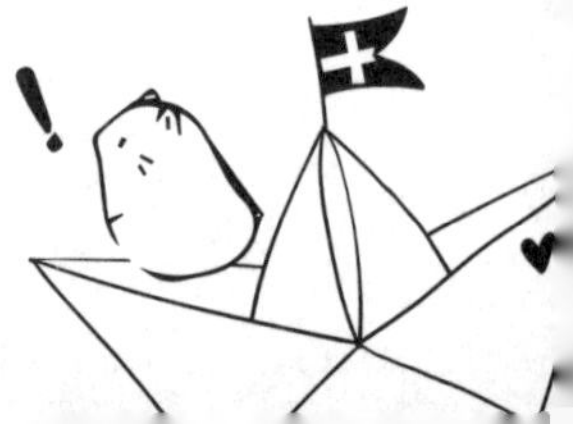

MIAU

Gesucht wird etwas, ohne das eine Katze schlecht zurechtkäme. Der Anfangsbuchstabe ist der größte Buchstabe.

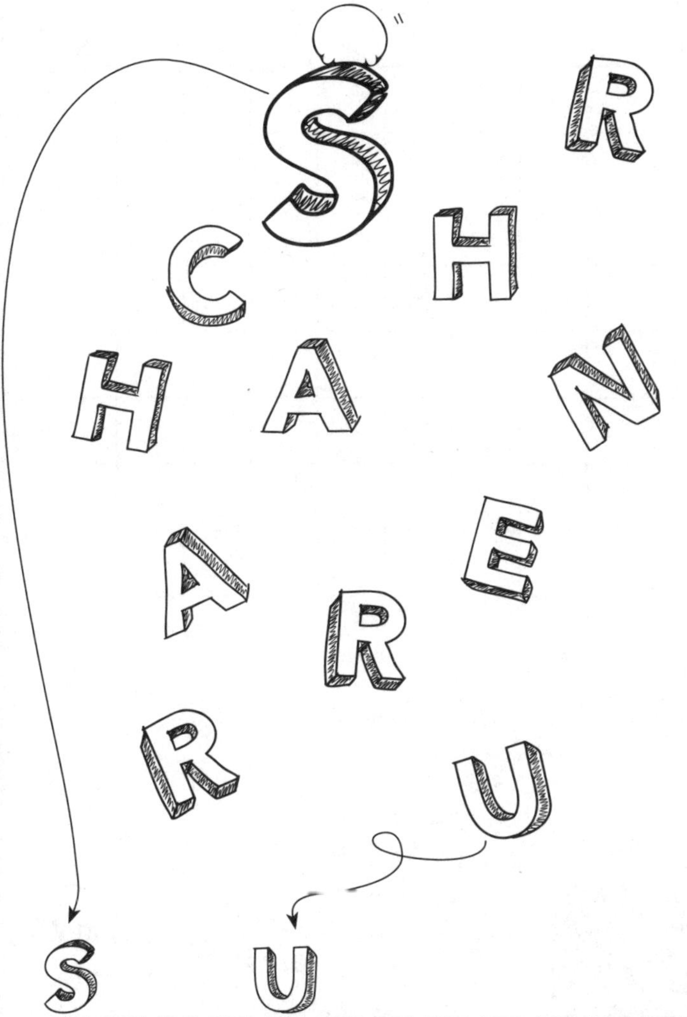

KREUZGITTER

Setze die Wörter so in das Kreuzwortgitter ein, dass alle Wörter ihren richtigen Platz erhalten. Im Gitterfeld darf kein Feld frei bleiben.

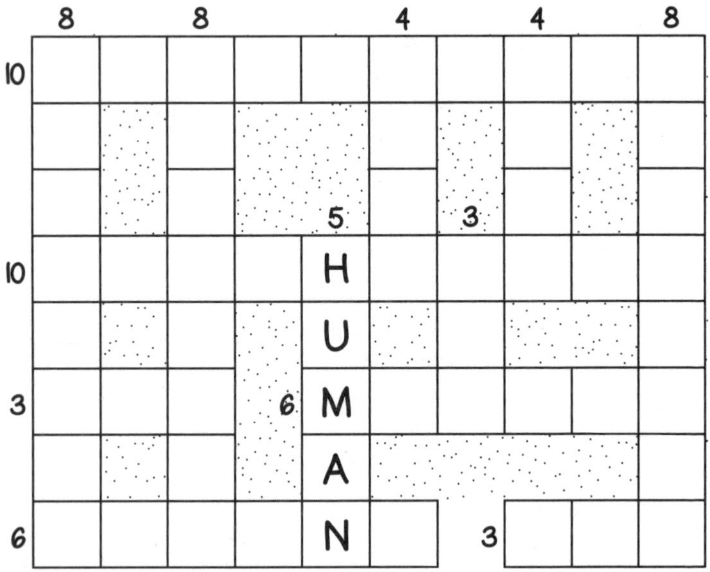

STREICHE HIER ALLE WÖRTER DURCH, DIE DU SCHON EINGESETZT HAST.

3 ISA, NEU, PST
4 EFEU, ERDE
5 ~~HUMAN~~
6 ESSENZ, MAURER
8 ERDTEILE, GLASHAUS, TIERARZT
10 ENGAGEMENT, TASCHENUHR

BILDERRÄTSEL

Ganz unten findest du alle gesuchten Wörter!

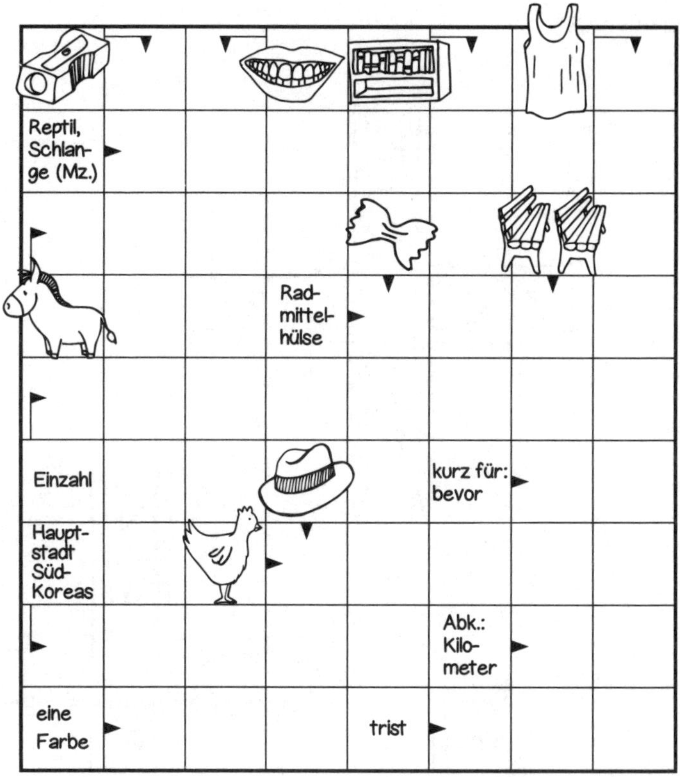

Waagerecht:
EH - ESEL - HENNE - KM - NABE - NATTERN - OED - ROT - SEOUL - SINGULAR

Senkrecht:
ANSPITZER - BAENKE - HUT - NUDEL - REGAL - UNTERHEMD - ZAEHNE

STREICHE HIER ALLE WÖRTER DURCH, DIE DU SCHON EINGESETZT HAST.

KREUZWÖRTER

In den Kreuzen fehlt jeweils ein Buchstabe. Wenn du die richtigen einsetzt, ergeben sich sechs Begriffe rund ums **Handwerken**.

BUCHSTABENSALAT

Ob waagerecht, senkrecht, schräg: Finde die nachfolgenden Wörter und streiche sie aus! Gesucht werden Begriffe rund um den **Herbst**.

EICHELN
HALLOWEEN
HERBSTWALD
NOVEMBER
OBSTERNTE
~~OKTOBER~~
STUERME

V	U	B	E	E	E	E	D	E	T	E	N	O	M	E
E	S	T	U	E	R	M	E	H	T	L	T	A	L	R
R	N	S	R	U	H	E	B	N	I	D	N	T	R	E
M	O	K	T	O	B	E	R	S	T	E	O	M	E	M
H	A	L	L	O	W	E	E	N	S	I	V	E	M	E
H	E	H	A	B	T	E	R	N	R	C	E	R	M	T
H	E	R	B	S	T	W	A	L	D	H	M	O	K	A
E	E	R	B	K	L	N	R	B	L	E	B	C	R	O
N	H	O	T	H	S	O	E	B	R	L	E	L	R	B
W	O	A	O	R	R	B	B	H	T	N	R	E	O	O

Wenn du genau hinschaust, kannst du vielleicht noch weitere Wörter finden.

WERKZEUGE

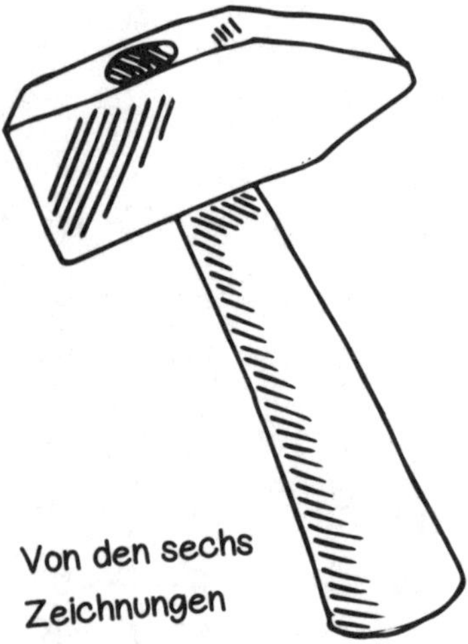

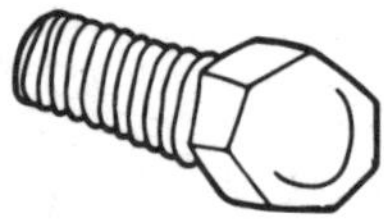

Von den sechs Zeichnungen gehören jeweils zwei zusammen.

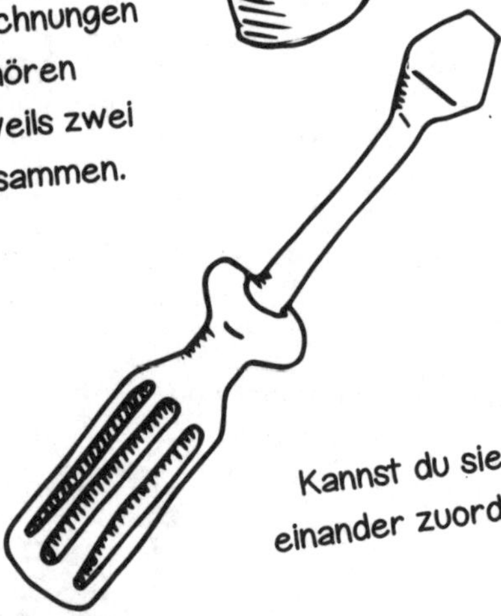

Kannst du sie einander zuordnen?

GEHEIMCODE

____ ____ ____ ____

Wenn du alle Felder mit Punkt ausmalst, entdeckst du einen Werkstoff. Kreuze an, woraus er gewonnen wird!

O aus Gräsern O aus Bäumen
O aus Wasser O aus Erde

TIER GESUCHT

Das gesuchte Tier hat rundum behaarte Füße, denn ohne das Fell an den Fußsohlen würde es sich schnell die Pfoten verbrennen. Es lebt in Paaren zusammen, wobei das Männchen seine Familie versorgt und gegen Feinde verteidigt. Der Lebensraum des gesuchten Tieres erstreckt sich über die Sandwüsten Nordafrikas. Es muss trotz der dortigen Hitze kein Wasser trinken, da es genug Flüssigkeit über seine Nahrung aufnimmt. Außerdem schwitzt der kleine Wildhund nicht, sondern reguliert seine Temperatur über seine großen Ohren.

Gesucht wird:

_ _ _ _ _ _

ICH BIN NICHT GESUCHT,

ABER WUSSTEST DU SCHON, DASS MEINE ZUNGE ÜBER 50 CM LANG WERDEN KANN?

BRÜCKENRÄTSEL

Diese Wörter gehören in die leeren Kästchen. Jedes eingesetzte Wort muss im Gitter zum Wort davor passen und zu dem danach. Wenn du alles gelöst hast, ergibt sich hier von oben nach unten das Lösungswort.

STURZ								STELZE
HAUS								DEPONIE
HOCH								FLÄCHE
BINDE								ANFANG
WILD								SCHEIN
NADEL								KAUZ
PANZER			G	L	A	S		KUGEL
MEISTER								TAUBE
NACH								KARTE
KRÄUTER								ZWERG

VERSCHLÜSSELT

Diese Nachricht kannst du nur entschlüsseln, wenn du die Buchstaben jeweils durch den im ABC dahinterliegenden Buchstaben ersetzt.

B ist hier A

D ist E

BKKDQ
FTSDM
CHMFD
RHMC
CQDH

A _ _ _ _

_ _ _ _ _

_ _ _ _ _

_ _ _ _

_ _ _ _

DURCHEINANDER

Die Wörter in den Kästchen sind durcheinandergeraten und nach dem ABC sortiert. Kannst du sie in der richtigen Reihenfolge in die leeren Kästchen schreiben? Fange immer in Pfeilrichtung an. Als kleine Hilfe siehst du unten schon, welche Wörter im Rätsel vorkommen.

	AAFG GNU		BGU / BEEER		ELO	EELS	R
					EEGNR		
EGKLU		AETU					
AEEG LNR							
AET / GNU				AD		AI	
			ADEN				
AEEG INR							

Das sind die gesuchten Begriffe:

AI - ATE - ATUE - AUFGANG - BEERE - BUG - DA - DEAN - ESEL - GARNELE - GERANIE - GNU - HENNE - KUGEL - OEL - R - REGEN - REH - ZAUBERER

KANNST DU ERKENNEN, MIT WELCHEM AUTO MAN NICHT FAHREN KANN?

QUIZ

WIE NENNT MAN DAS GEGENSTÜCK EINER SCHRAUBE?

- O Mutter
- O Tante
- O Schwester
- O Oma

KREUZWORTRÄTSEL

Falls du ein wenig Hilfe benötigst, findest du unter dem Rätsel die gesuchten Begriffe.

Edelsteingewicht	▼	feste TV-Frequenz	▼	Gerät z. Messen des Gewichts	Kurzwort für ‚Vater'	▼	gleiten	Artikel (weiblich)
▶					Fernsehsender / unser Planet	▶	▼	▼
beliebte Zierpflanze		unbeweglich		Hülle für eine Brille	▶ ▼			
▶		▼						
▶				harter Teil der Vogelfeder		dt. Grand-Prix-Gewinnerin		Gerät in der Küche (kochen)
Glückssymbol	Riesenschlange		Behälter, Trinkgefäß	▶ ▼		▼		▼
Metall / Tierpark	▶ ▼				Lebensgemeinschaft	▶		
▶			Sprungbrett (niedrig)	▶				
Zufluchtsort	▶				und (englisch)	▶		

Das sind die gesuchten Begriffe:

Waagerecht:
AND - ARD - ASYL - BLEI - EHE - EINER - ETUI - KARAT - KELCH - KLEE - MARGERITE - ZOO

Senkrecht:
BOA - DIE - ERDE - HERD - KANAL - KIEL - LENA - REGLOS - RUTSCHEN - VATI - WAAGE

AM HIMMEL

Gesucht wird etwas, das am Himmel erscheint.
Der Anfangsbuchstabe ist der größte Buchstabe.

KREUZGITTER

Setze die Wörter so in das Kreuzwortgitter ein, dass alle Wörter ihren richtigen Platz erhalten. Im Gitterfeld darf kein Feld frei bleiben.

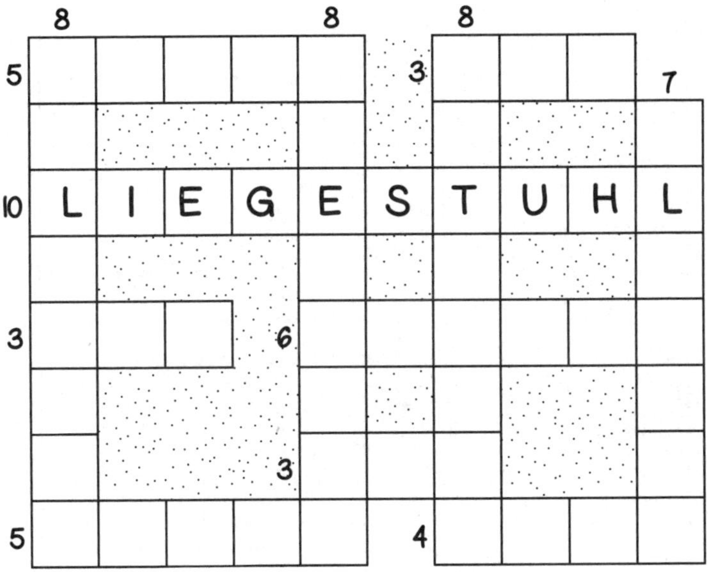

STREICHE HIER ALLE WÖRTER DURCH, DIE DU SCHON EINGESETZT HAST.

3 BUS, HUF, IRE
4 REIS
5 BLATT, DARTS
6 BALLON
7 PLANLOS
8 BILDBAND, HOTELIER, TREIBEIS
10 ~~LIEGESTUHL~~

BILDERRÄTSEL

Ganz unten findest du alle gesuchten Wörter!

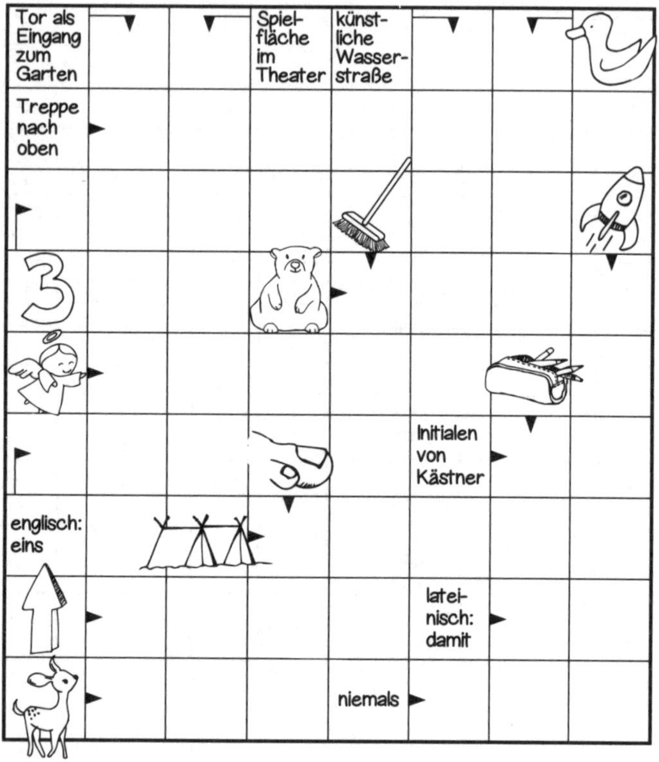

Waagerecht:
AUFGANG - BAER - DREI - EK - ENGEL - NIE - OBEN - ONE - REH - UT - ZELTE

Senkrecht:
BESEN - BUEHNE - ENTE - ETUI - GARTENTOR - KANAL - RAKETE - ZEH

STREICHE HIER ALLE WÖRTER DURCH, DIE DU SCHON EINGESETZT HAST.

KREUZWÖRTER

In den Kreuzen fehlt jeweils ein Buchstabe. Wenn du die richtigen einsetzt, ergeben sich sechs Begriffe rund um die **Schule**.

BUCHSTABENSALAT

Ob waagerecht, senkrecht, schräg: Finde die nachfolgenden Wörter und streiche sie aus! Gesucht werden Begriffe rund um das **Heiraten**.

~~AUFGEBOT~~
BRAUT
HEIRAT
JAWORT
KIRCHE
STANDESAMT
TRAURINGE

O	C	C	R	S	T	A	N	D	E	S	A	M	T	M
B	U	J	B	U	R	H	T	T	H	E	I	R	A	T
A	H	E	A	A	T	M	E	R	A	T	K	O	T	A
R	U	R	T	W	A	F	N	A	D	B	I	T	F	M
N	B	F	U	B	O	R	I	U	J	I	R	T	A	A
R	E	O	G	N	W	R	U	R	M	U	C	U	R	R
A	E	K	A	E	H	O	T	I	G	A	H	U	W	U
A	B	N	R	A	B	A	N	N	B	O	E	E	B	T
E	T	D	E	R	R	O	E	G	G	D	U	I	A	K
A	A	T	T	R	G	T	T	E	S	U	A	R	T	C

Wenn du genau hinschaust, kannst du vielleicht noch weitere Wörter finden.

GETRÄNKE

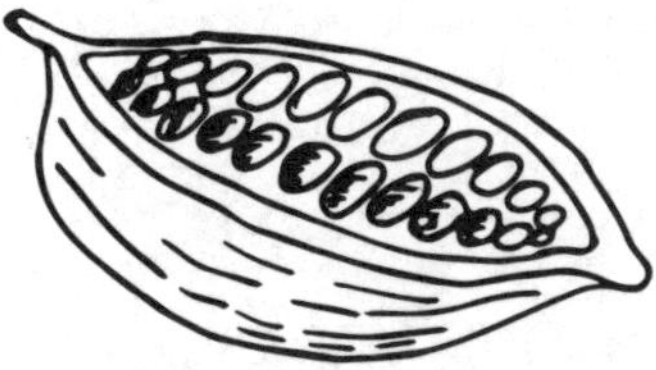

Von den acht Zeichnungen gehören jeweils zwei zusammen.

Kannst du sie einander zuordnen?

GEHEIMCODE

Wenn du alle Felder mit Punkt ausmalst, entdeckst du ein Familienmitglied. Kreuze an, in welcher Geschichte dieses von einem Wolf gefressen wird!

___ ___ ___

- O Peter und der Wolf
- O Der Wolf und die sieben Geißlein
- O Die drei kleinen Schweinchen
- O Rotkäppchen

TIER GESUCHT

Das gesuchte Tier ist ein Waldbewohner. Es kann gut klettern, bleibt aber lieber auf dem Boden. Zum Schlafen baut es sich jeden Abend ein neues Nest – selbst dann, wenn ein altes Nest nicht weit entfernt ist. Die Arme des Tieres sind deutlich länger als seine Beine und es hat im Gegensatz zu vielen seiner Verwandten keinen Schwanz. Das Fell hat eine dunkle Farbe; bei Männchen ergraut im Alter der Pelz auf dem Rücken. Ein älteres Männchen heißt daher »Silberrücken«. Er ist der Anführer seiner Gruppe und verteidigt sie z.B. gegen Leoparden.

Gesucht wird:

_ _ _ _ _ _ _

ICH BIN NICHT GESUCHT, ABER WUSSTEST DU SCHON, DASS ICH SEHR GUT SCHWIMMEN KANN?

Brückenrätsel

Diese Wörter gehören in die leeren Kästchen. Jedes eingesetzte Wort muss im Gitter zum Wort davor passen und zu dem danach. Wenn du alles gelöst hast, ergibt sich hier von oben nach unten das Lösungswort.

FAHRT				W	I	N	D	SURFER
KINN								RAMPE
BÜRO								TENNIS
LINKS								BEZIRK
WELT								SPRUNG
MEHR								BRIEF
AUS								STOFF
SCHNEIDE								ARZT
GRUND								ZIEGEL
WASSER								SCHIRM

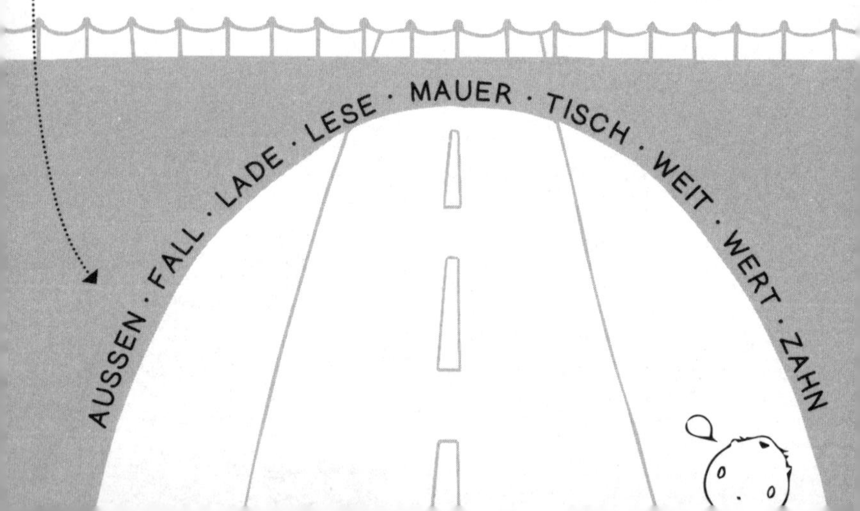

VERSCHLÜSSELT

Diese Nachricht kannst du nur entschlüsseln, wenn du die Buchstaben jeweils durch den im ABC davorliegenden Buchstaben ersetzt.

B ist A

D ist C

LOBQQ
EBOFCFO
JTU BVDI
WPSCFJ

_ _ _ _ _

_ _ _ _ _ _ _

_ _ _

_ _ _ _

_ _ _ _ _ _

DURCHEINANDER

Die Wörter in den Kästchen sind durcheinandergeraten und nach dem ABC sortiert. Kannst du sie in der richtigen Reihenfolge in die leeren Kästchen schreiben? Fange immer in Pfeilrichtung an. Als kleine Hilfe siehst du unten schon, welche Wörter im Rätsel vorkommen.

ASU	EIPR STZ	▼		BIS / AIMX	▼	EIS / CDEH NSU	▼
▶	▼		DIIM ▶	▼		▼	
AEGP SSU ▶							
▶			AMST				ADHN
IRR		CHILM ▶	▼		▼		▼
AJT ▶				AAH ▶			
		AEMNS ▶					
▶				ADN ▶			

Das sind die gesuchten Begriffe:

AHA - AND - BAER - BETT - BIS - DUSCHEN - EIS - HAND - IRR - LAMA - MAST - MAXI - MIDI - MILCH - PEGASUS - SAMEN - SPRITZE - TJA - USA

EINE DER EULEN STEHT AUF EINEM BEIN.

FINDEST DU SIE?

QUIZ

WAS MISCHT MAN IN EINE **MALFARBE**, DAMIT KEIN PAPIER MEHR DURCHSCHEINT?

- O Eiweiß
- O Kreideweiß
- O Schneeweiß
- O Deckweiß

KREUZWORTRÄTSEL

Falls du ein wenig Hilfe benötigst, findest du unter dem Rätsel die gesuchten Begriffe.

Flüssigkeit im Körper		Wassersportgerät			dünne Eiskristallschicht	Weltfußballbund		Spielfarbe / super
					voller Energie			
Tierpfote, Pranke		Gefahr, Wagnis						
					Angriff und Abwehr		laut aufmerksam machen	
Tuch	ebenfalls, außerdem	überraschter Ausruf		... May, schrieb ‚Winnetou‘				
Hauptschlagader						der Vater der Mutter		kurz für ‚an das‘
				kleines Motorrad				
Stille		schätzen, raten						
schützt den Kopf vor der Sonne				Anhänger eines Fußballklubs				

Das sind die gesuchten Begriffe:

Waagerecht:
AORTA - FANS - FIT - HUT - KARL - KLAUE - MOFA - RISIKO - RUHE - STOFF - TIPPEN

Senkrecht:
ANS - AUCH - BLUT - FIFA - KAMPF - OH - OPA - PIK - REIF - RUFEN - SURFBRETT - TOLL

PLANSCHEN

Gesucht wird etwas, das in manchem Schwimmbad steht.
Der Anfangsbuchstabe ist der größte Buchstabe.

KREUZGITTER

Setze die Wörter so in das Kreuzwortgitter ein, dass alle Wörter ihren richtigen Platz erhalten. Im Gitterfeld darf kein Feld frei bleiben.

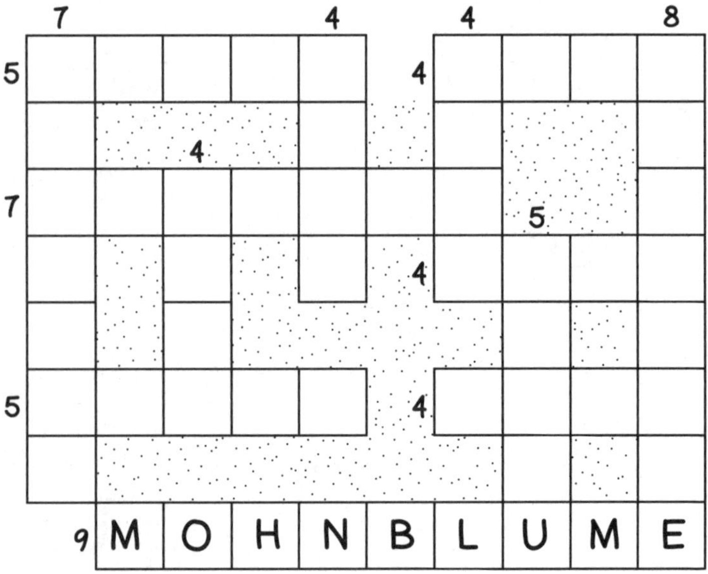

STREICHE HIER
ALLE WÖRTER DURCH,
DIE DU SCHON
EINGESETZT HAST.

4 GELB, GERM, LUKE, MAST, OBEN, SIEB
5 ANBAU, HOBEL, ROBBE
7 HAMBURG, MUSIKER
8 BIOTONNE
9 ~~MOHNBLUME~~

BILDERRÄTSEL

Ganz unten findest du alle gesuchten Wörter!

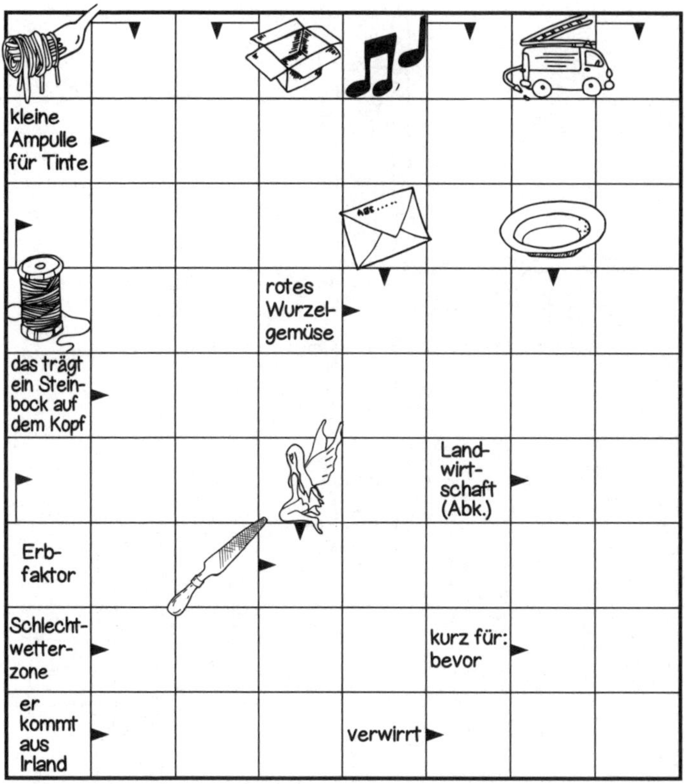

Waagerecht:
BETE - EH - FEILE - GARN - GEN - HOERNER - IRE - IRR - LW - PATRONE - TIEF

Senkrecht:
BRIEF - FEE - FEUERWEHR - KARTON - NOTEN - SPAGHETTI - TELLER

STREICHE HIER ALLE WÖRTER DURCH, DIE DU SCHON EINGESETZT HAST.

KREUZWÖRTER

In den Kreuzen fehlt jeweils ein Buchstabe. Wenn du die richtigen einsetzt, ergeben sich sechs **Fische**.

BUCHSTABENSALAT

Ob waagerecht, senkrecht, schräg: Finde die nachfolgenden Wörter und streiche sie aus! Gesucht werden Wörter rund um die **Niederlande.**

AMSTEL
EDAMER
GOUDA
JENEVER
KAESESORTEN
~~MAASTRICHT~~
MATJES
ROTTERDAM
SCHELDE
TEXEL
UTRECHT

R	O	M	U	T	V	E	K	A	M	S	T	E	L	E
R	M	E	A	T	M	T	A	S	E	M	E	E	M	A
O	S	M	M	T	R	E	S	A	N	X	X	O	N	V
T	T	R	S	T	J	E	N	E	V	E	R	G	H	E
T	A	S	A	C	S	E	C	T	T	M	L	E	R	E
E	R	E	O	H	R	A	S	H	D	E	R	D	G	M
R	H	H	N	A	S	C	N	E	T	A	X	A	O	R
D	K	A	E	S	E	S	O	R	T	E	N	M	U	R
A	C	K	R	M	O	S	C	H	E	L	D	E	D	J
M	E	M	A	A	S	T	R	I	C	H	T	R	A	E

Wenn du genau hinschaust, kannst du vielleicht noch weitere Wörter finden.

HELME

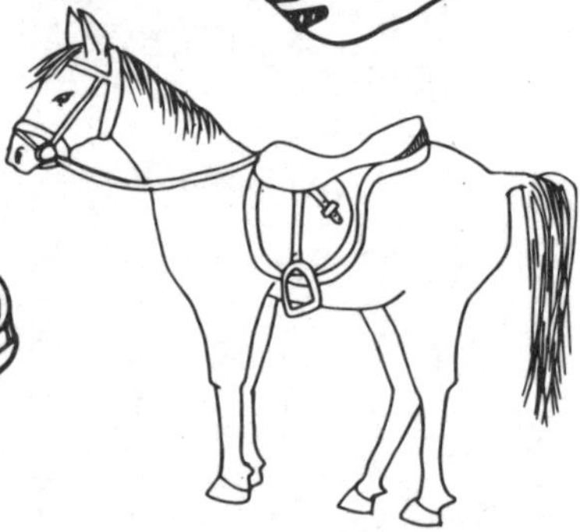

Von den acht Zeichnungen gehören jeweils zwei zusammen.

Kannst du sie einander zuordnen?

GEHEIMCODE

_ _ _ _ _ _

Wenn du alle Felder mit Punkt ausmalst, entdeckst du einen Beruf. Kreuze an, wo dieser ausgeübt wird!

O in der Schule O im Einkaufszentrum

O auf der Straße O im Rathaus

TIER GESUCHT

Das gesuchte Tier lebt in eher trockenen Gebieten und nennt sogar Wüsten sein Zuhause. Wenn es einem Fressfeind begegnet, lässt es sich manchmal auf den Rücken fallen und stellt sich tot. Die Zähne des Tieres wachsen sein ganzes Leben lang nach und müssen daher regelmäßig abgenutzt oder gekürzt werden. Das auffälligste Merkmal des Nagers sind seine Backentaschen, die viel Platz zum Transport von Nahrung bieten. So ist es dem Tier möglich, einen Vorrat für schlechte Zeiten in seinem Bau anzulegen.

Gesucht wird:

_ _ _ _ _ _ _

ICH BIN NICHT GESUCHT,

ABER WUSSTEST DU SCHON, DASS MAN MICH AUCH MEISTER LAMPE NENNT?

BRÜCKENRÄTSEL

Diese Wörter gehören in die leeren Kästchen. Jedes eingesetzte Wort muss im Gitter zum Wort davor passen und zu dem danach. Wenn du alles gelöst hast, ergibt sich hier von oben nach unten das Lösungswort.

LAND								LAUF
NUDEL								WURM
LAGER								ALARM
SCHREI	H	A	L	S				KETTE
ROST								ENGEL
SCHWARZ								BART
LAUB								WERK
WASSER								TIER
GRUND								KRISE
GAST								PLATZ

VERSCHLÜSSELT

Diese Nachricht kannst du nur entschlüsseln, wenn du die Buchstaben jeweils durch den im ABC dahinterliegenden Buchstaben ersetzt.

D ist E

E ist F

CHD
GNEEMTMF
RSHQAS
YTKDSYS

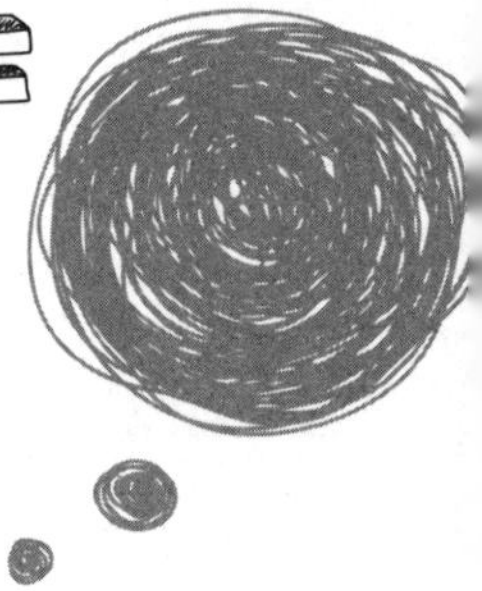

_ _ _

_ _ _ _ _ _ _ _

_ _ _ _ _ _

_ _ _ _ _ _ _

DURCHEINANDER

Die Wörter in den Kästchen sind durcheinandergeraten und nach dem ABC sortiert. Kannst du sie in der richtigen Reihenfolge in die leeren Kästchen schreiben? Fange immer in Pfeilrichtung an. Als kleine Hilfe siehst du unten schon, welche Wörter im Rätsel vorkommen.

AEF NNP		AEGNU		BEEE HIMR			
EFG IRU							EEG KLN
BEEE LMNS		EHLOS		EKM			
NNO						EET	
			BEET				
EEF	AEL LRU						
			EENS				

Das sind die gesuchten Begriffe:

AUGEN - BETE - BUS - ENSEMBLE - FEE - FEURIG - HIMBEERE - IGEL - KEGELN - LAUREL - MEK - NON - PFANNE - SEEN - SOHLE - TEE - ZEH

EINE HERDE PFERDE

DOCH EINS DAVON IST ETWAS BESONDERES. FINDEST DU ES?

QUIZ

WIE VIELE SPIELER STEHEN BEIM FUSSBALL AUF DEM FELD?

- O 11
- O 12
- O 22
- O 23

KREUZWORTRÄTSEL

Falls du ein wenig Hilfe benötigst, findest du unter dem Rätsel die gesuchten Begriffe.

großer Nacht-vogel		unnötig lange Strecke		Papagei		Los ohne Gewinn		Wasser-fahrzeug
starker Sturm								
				Arbeits-platz		beruf-liche Tätig-keit		Gewitter-erschei-nung
Silber-löwe	Rettung		Markt-bude					
Akten-mappe							‚Killer-wal'	
			Ur... (Vor-fahre		Gut-schein			
sehr viele, zahllos		an Jahren zu-nehmen						
					Schnell-zug (Ab-kürzg.)			
Pflock		Blüten-honig, Blüten-saft						

Das sind die gesuchten Begriffe:

Waagerecht:
ALTERN - BON - HEFTER - HURRIKAN - ICE - NEKTAR - PFAHL - PUMA - STAND - ZIG

Senkrecht:
AHN - ARA - ARBEIT - DONNER - HILFE - KAHN - NIETE - ORCA - STELLE - UHU - UMWEG

LESESTOFF

Gesucht wird etwas, in dem man Lesestoff findet.
Der Anfangsbuchstabe ist der größte Buchstabe.

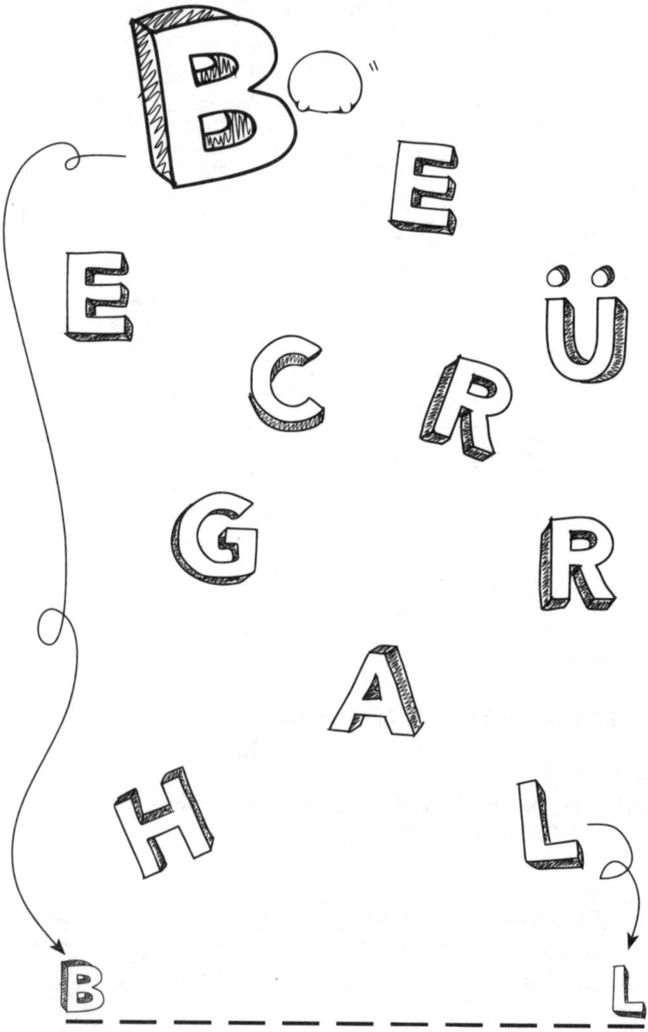

KREUZGITTER

Setze die Wörter so in das Kreuzwortgitter ein, dass alle Wörter ihren richtigen Platz erhalten. Im Gitterfeld darf kein Feld frei bleiben.

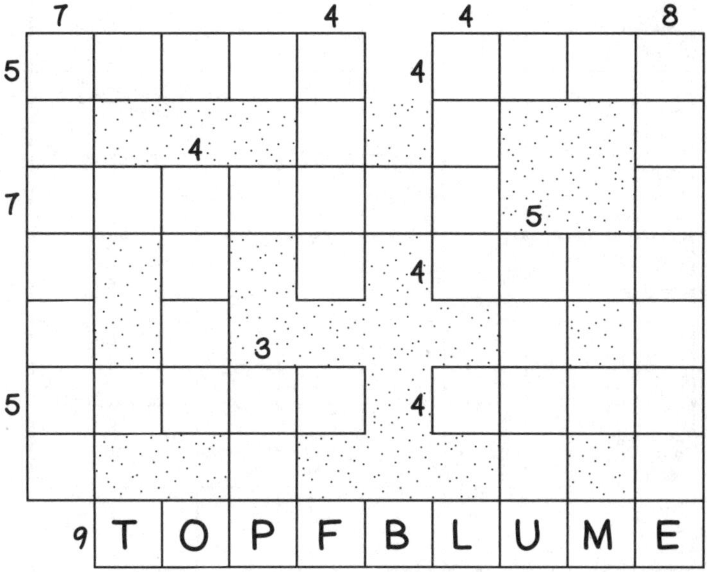

STREICHE HIER
ALLE WÖRTER DURCH,
DIE DU SCHON
EINGESETZT HAST.

3 ALP
4 DINO, DORN, HAUT, TAKT, TANK, TOPF
5 ADIEU, KANAL, TEICH
7 ABDRUCK, TRAENKE
8 FOLKLORE
9 ~~TOPFBLUME~~

BILDERRÄTSEL

Ganz unten findest du alle gesuchten Wörter!

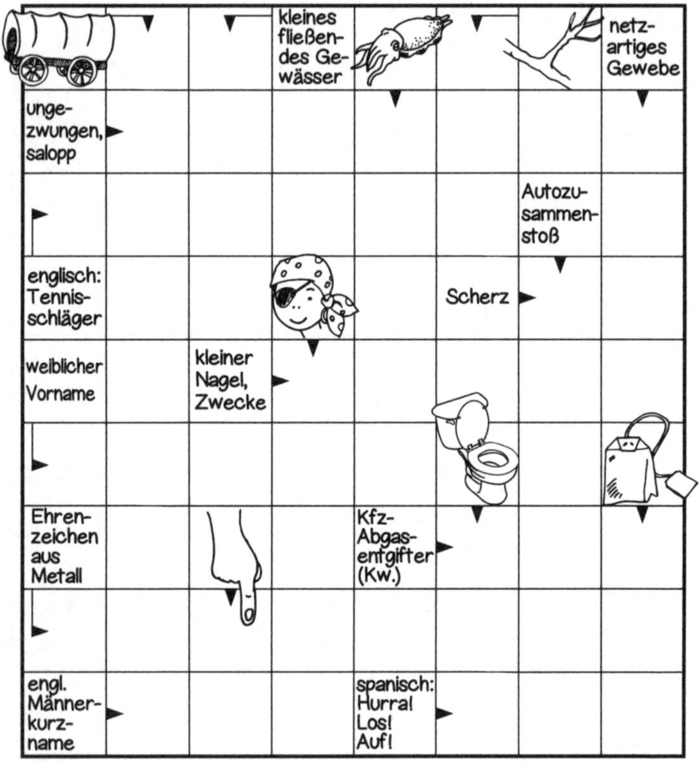

Waagerecht:
KAT - LAESSIG - MARIA - MEDAILLE - NAT - OLE - PINNE - RACKET - UZ

Senkrecht:
AST - BACH - DA - GAZE - KLO - PIRAT - PLANWAGEN - SEPIA - TEE - UNFALL

STREICHE HIER ALLE WÖRTER DURCH, DIE DU SCHON EINGESETZT HAST.

KREUZWÖRTER

In den Kreuzen fehlt jeweils ein Buchstabe. Wenn du die richtigen einsetzt, ergeben sich sechs Begriffe rund um den **Fußball**.

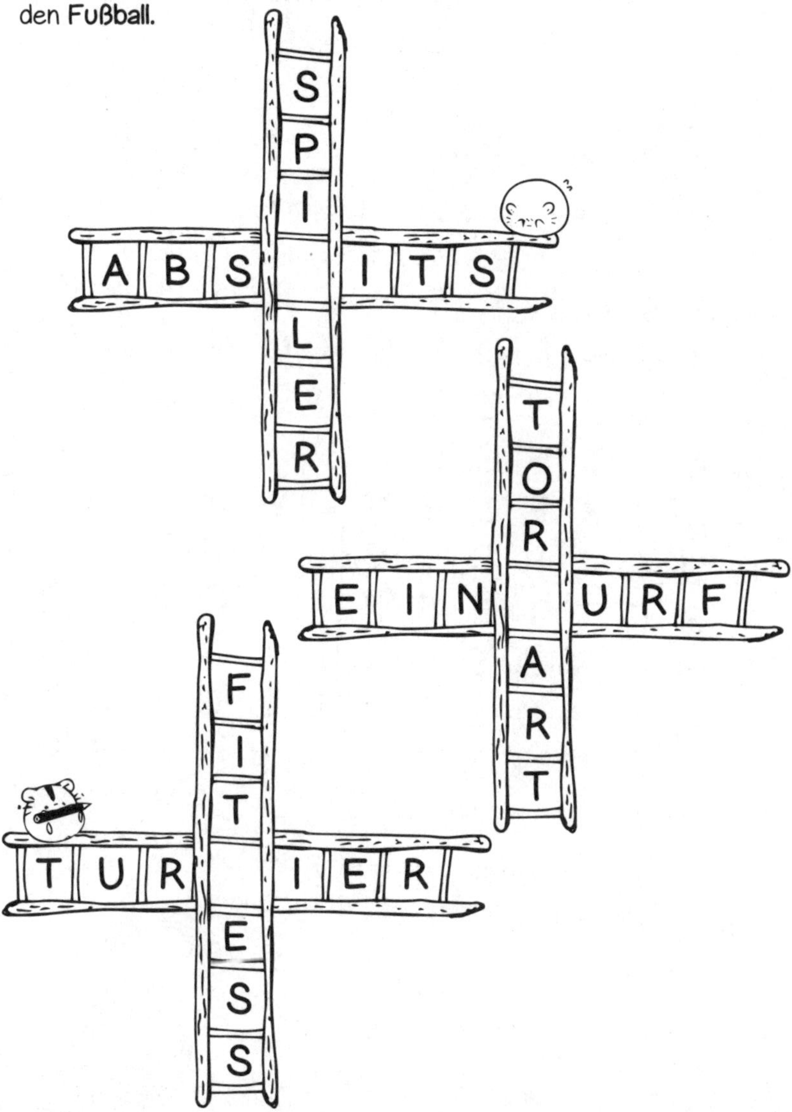

BUCHSTABENSALAT

Ob waagerecht, senkrecht, schräg: Finde die nachfolgenden Wörter und streiche sie aus! Gesucht werden **Hunderassen**.

CORGI
DACKEL
DOBERMANN
~~DOGGE~~
FOXTERRIER
LAIKA
MALTESER
PUDEL
ROTTWEILER
SCHAEFERHUND
SCHNAUZER
SETTER
TERRIER
WINDSPIEL

H	D	S	C	H	A	E	F	E	R	H	U	N	D	T
S	C	H	N	A	U	Z	E	R	O	N	L	O	O	A
W	N	O	D	N	E	F	G	D	T	O	C	E	B	E
M	A	L	T	E	S	E	R	D	T	P	U	D	E	L
D	A	C	K	E	L	E	M	O	W	W	O	R	R	E
R	U	A	I	R	R	L	C	G	E	C	E	E	M	L
T	S	E	T	T	E	R	X	G	I	O	E	G	A	A
N	W	I	N	D	S	P	I	E	L	R	O	I	N	I
R	R	N	S	D	S	T	S	E	E	G	A	L	N	K
D	E	M	F	O	X	T	E	R	R	I	E	R	U	A

Wenn du genau hinschaust, kannst du vielleicht noch weitere Wörter finden.

STEUERUNG

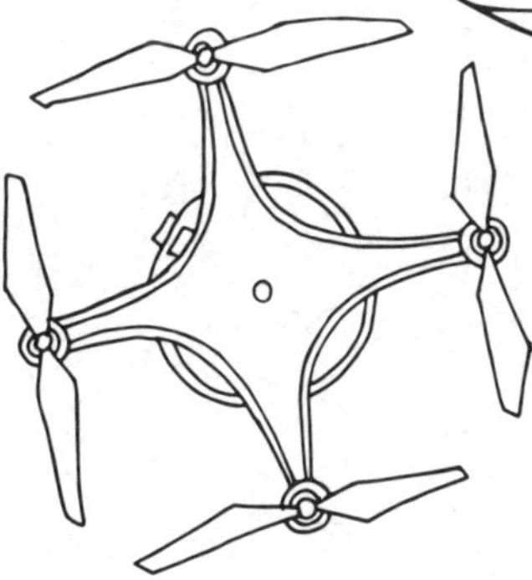

Von den acht Zeichnungen gehören jeweils zwei zusammen.

Kannst du sie einander zuordnen?

GEHEIMCODE

___ ___ ___ ___

Wenn du alle Felder mit Punkt ausmalst, entdeckst du ein Spielgerät. Kreuze an, bei welcher Sportart es verwendet wird.

- O beim Basketball
- O beim Eishockey
- O beim Billard
- O beim Turnen

TIER GESUCHT

Das gesuchte Tier kann nur einmal in seinem Leben Nachwuchs bekommen. Ein Männchen bewacht seine Auserwählte daher äußerst aufmerksam und verteidigt sie gegen Rivalen. Dazu wendet es manchmal eine clevere Strategie an: Es tarnt sich als Weibchen und lockt so den Rivalen vom echten Weibchen weg. Das Weichtier hat kein Skelett, weswegen es sich selbst durch die engsten Spalten quetschen kann. Es hat acht Arme, von denen einer meist als »Lieblingsarm« benutzt wird. Die Unterseite der Arme ist mit zahlreichen Saugnäpfen bestückt.

Gesucht wird:

_ _ _ _ _

ICH BIN NICHT GESUCHT, ABER WUSSTEST DU SCHON, DASS ICH KEINEN MAGEN HABE?

Brückenrätsel

Diese Wörter gehören in die leeren Kästchen. Jedes eingesetzte Wort muss im Gitter zum Wort davor passen und zu dem danach. Wenn du alles gelöst hast, ergibt sich hier von oben nach unten das Lösungswort.

REISE								FOTO
RESERVE								WAGEN
STEIN								BAUM
VOGEL								LISTE
LAUB								KÖNIG
ZUCKER			G	U	S	S		FORM
FLIEGEN								HEBER
KOCH								LAKE
FEST								ZEIT
SPÄT								BRILLE

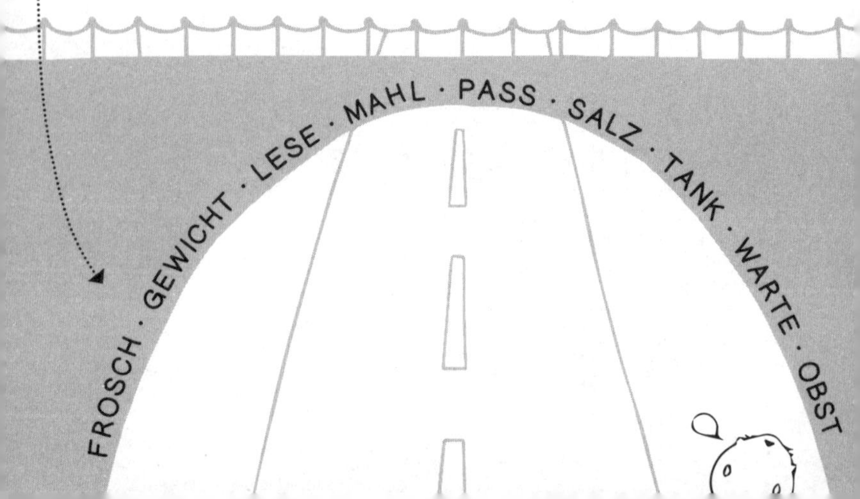

VERSCHLÜSSELT

Diese Nachricht kannst du nur entschlüsseln, wenn du die Buchstaben jeweils durch den im ABC davorliegenden Buchstaben ersetzt.

B ist A

D ist C

BMMFT,
XBT TJDI
SFJNU, JTU
HVU

_ _ _ _ _,

_ _ _

_ _ _ _

_ _ _ _ _,

_ _ _

_ _ _

DURCHEINANDER

Die Wörter in den Kästchen sind durcheinandergeraten und nach dem ABC sortiert. Kannst du sie in der richtigen Reihenfolge in die leeren Kästchen schreiben? Fange immer in Pfeilrichtung an. Als kleine Hilfe siehst du unten schon, welche Wörter im Rätsel vorkommen.

ADEI NNRS	AAFG GNU		AMR DEHLO		EIS		N
					BEENR		
HMOSU		AEGU		ERS			
AEEE GLR							
AEU EGN						KO	
			DEOS				
ADEE GKN							

Das sind die gesuchten Begriffe:

ARM - AUE - AUFGANG - AUGE - DA - DEOS - DOHLE - EIER - EIS - ENG - GALEERE - GEDANKE - HUMOS - N - OK - REBEN - RES - SARDINEN - SENSE

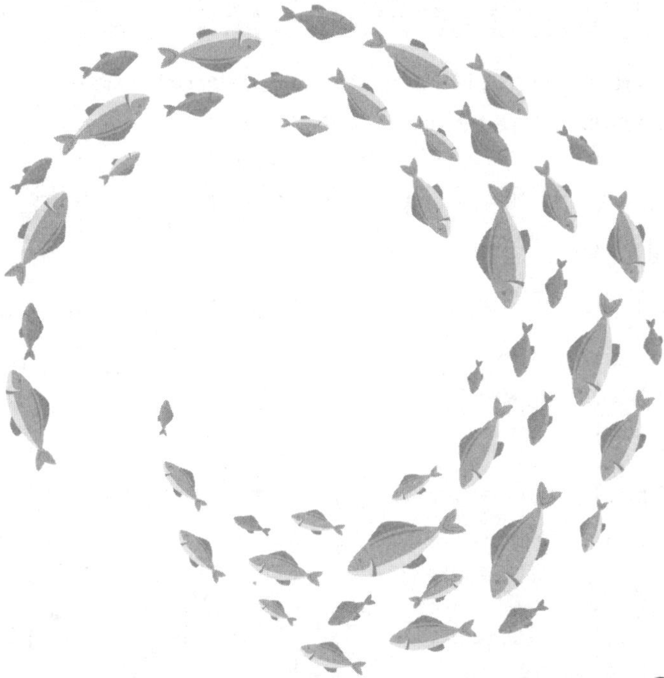

EINER DER FISCHE SCHWIMMT IN DIE FALSCHE RICHTUNG.

KANNST DU IHN FINDEN?

QUIZ

WELCHES INSTRUMENT HAT KEINE SAITEN?

- O Fagott
- O Violine
- O Cello
- O Kontrabass

KREUZWORTRÄTSEL

Falls du ein wenig Hilfe benötigst, findest du unter dem Rätsel die gesuchten Begriffe.

in hohem Maße		beliebte Zierpflanze			Wiesenpflanze	Hülle für eine Brille		Großmutter / Laubbaum
					Laufvogel			
Warengestell		die Schlange ist ein ...						
					Rock-'n'-Roll-Legende		Schulzensuren	
Bitte um Antwort	Worte zum Musikstück	kurz für ‚in dem'		unbestimmter Artikel				
Bundesland von Österreich						‚... Baba und die vierzig Räuber'		Gasthaus in England
				Kurzwort für ‚Vater'				
bedeutet ‚halb'		dividieren						
Getränk				Zweck, Bedeutung				

Das sind die gesuchten Begriffe:

Waagerecht:
EINE - EMU - FRAGE - REGAL - REPTIL - SEMI - SINN - TEE - TEILEN - TIROL - VATI

Senkrecht:
ALI - ELVIS - ETUI - IM - INN - KLEE - MARGERITE - NOTEN - OMI - SEHR - TEXT - ULME

BRIEF

Gesucht wird ein schwimmender Brief.

Der Anfangsbuchstabe ist der größte Buchstabe.

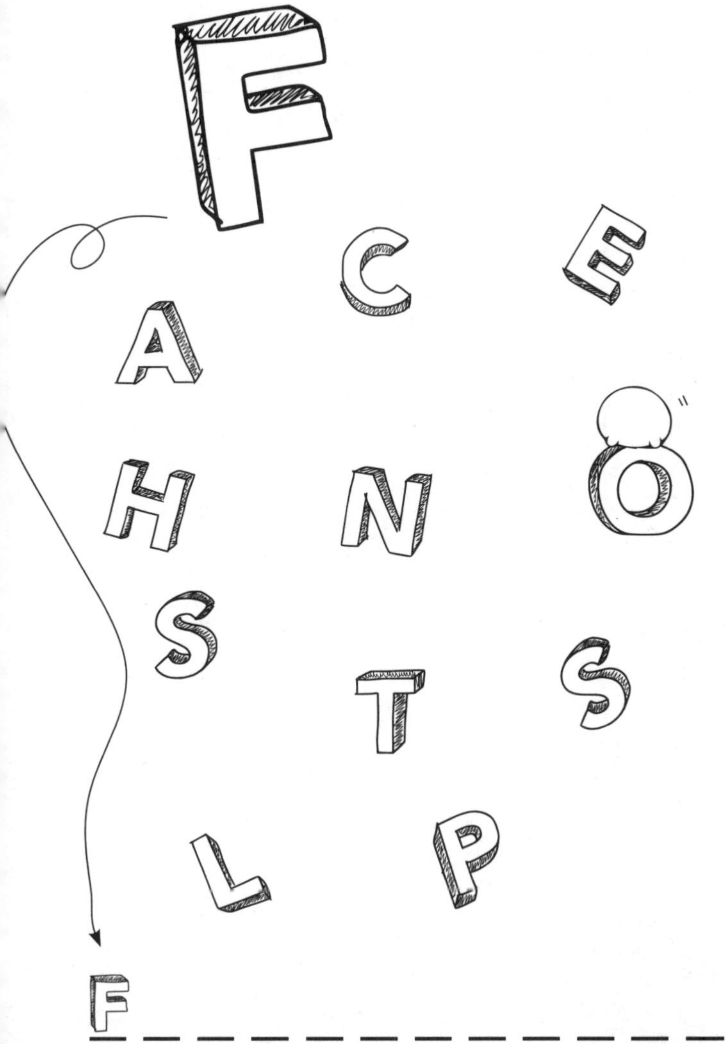

KREUZGITTER

Setze die Wörter so in das Kreuzwortgitter ein, dass alle Wörter ihren richtigen Platz erhalten. Im Gitterfeld darf kein Feld frei bleiben.

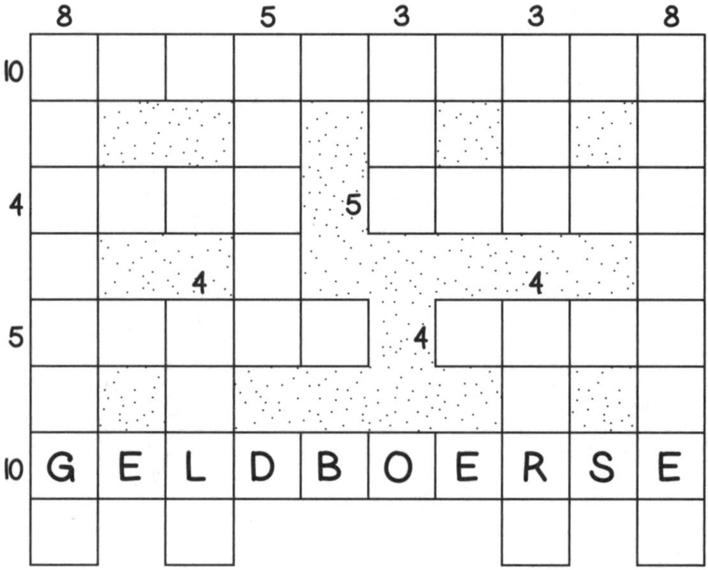

STREICHE HIER
ALLE WÖRTER DURCH,
DIE DU SCHON
EINGESETZT HAST.

3 BOB, EID
4 HUFE, KILT, KNIE, NARR
5 ACKER, DUBAI, RUEBE
8 REISEWEG, SCHLANGE
10 ~~GELDBOERSE~~, SEERAEUBER

BILDERRÄTSEL

Ganz unten findest du alle gesuchten Wörter!

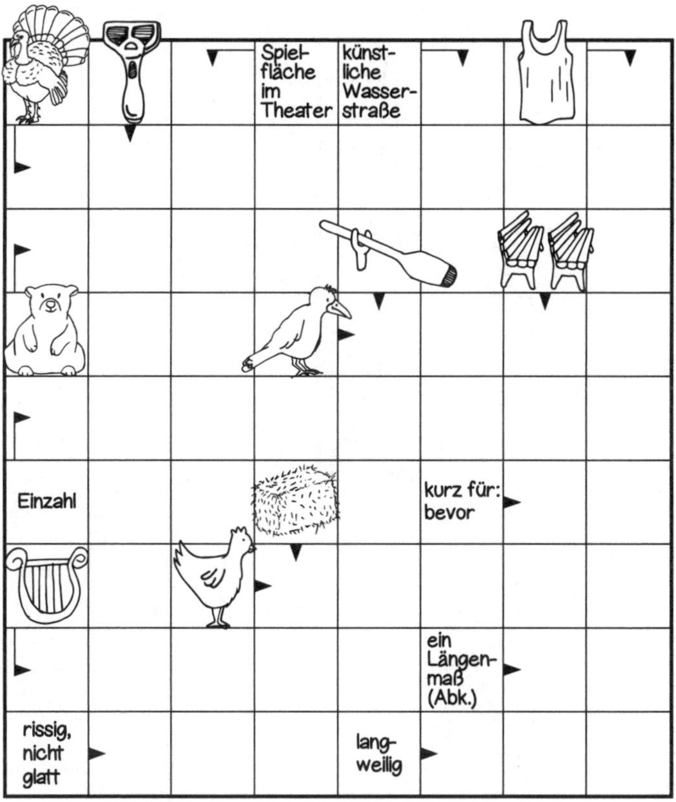

Waagerecht:
BAER - EH - HENNE - KM - LEIER - OED - RABE - RAU - SINGULAR - TRUTHAHN

Senkrecht:
BAENKE - BUEHNE - HEU - KANAL - RASIERER - RUDER - UNTERHEMD

STREICHE HIER ALLE WÖRTER DURCH, DIE DU SCHON EINGESETZT HAST.

KREUZWÖRTER

In den Kreuzen fehlt jeweils ein Buchstabe. Wenn du die richtigen einsetzt, ergeben sich sechs Wörter rund um **Musik**.

Buchstabensalat

Ob waagerecht, senkrecht, schräg: Finde die nachfolgenden Wörter und streiche sie aus! Gesucht werden Begriffe rund ums **Bad**.

~~BADEMANTEL~~
BADEOEL
BADETUCH
BOILER
NAGELFEILE
SEIFE
SEIFENSCHALE

E	A	A	L	H	A	I	E	L	N	T	N	N	E	H
L	E	B	A	D	E	M	A	N	T	E	L	A	A	T
B	L	B	L	I	B	L	C	E	F	S	O	G	I	A
A	H	D	N	S	C	O	B	T	L	T	S	E	L	S
D	S	B	E	C	E	B	I	N	S	E	N	L	R	E
E	S	H	L	F	F	F	C	L	L	T	N	F	H	L
T	B	A	I	U	E	L	D	L	E	A	N	E	N	E
U	I	E	A	I	I	F	I	A	B	R	E	I	I	H
C	S	S	E	I	F	E	N	S	C	H	A	L	E	A
H	D	N	S	T	C	S	B	A	D	E	O	E	L	A

Wenn du genau hinschaust, kannst du vielleicht noch weitere Wörter finden.

WELCHER SCHUH?

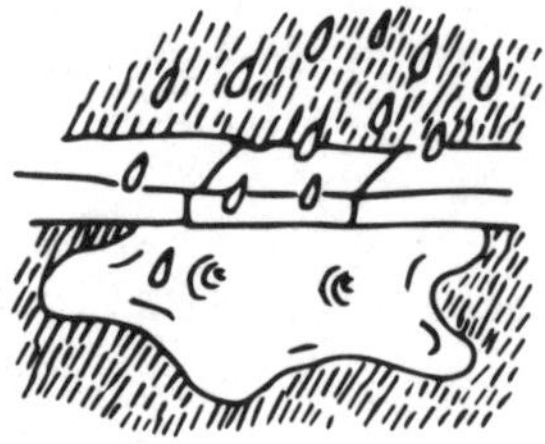

Von den acht Zeichnungen gehören jeweils zwei zusammen.

Kannst du sie einander zuordnen?

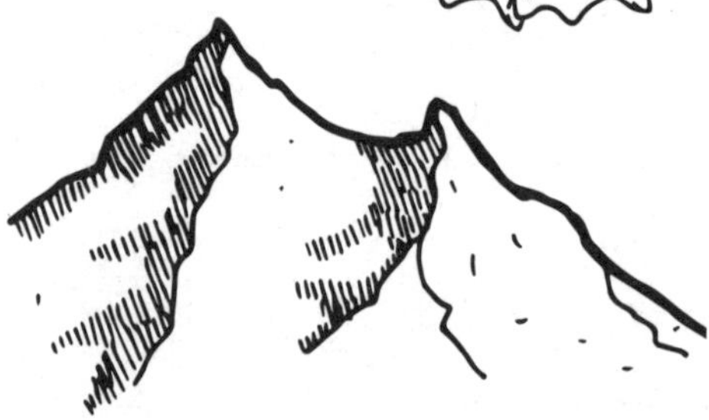

GEHEIMCODE

_ _ _ _ _ _ _

Wenn du alle Felder mit Punkt ausmalst, entdeckst du ein Instrument. Wie wird es noch genannt?

O Violine O Cembalo
O Piano O Melodica

TIER GESUCHT

Das gesuchte Tier ist praktisch ein Alleskönner. Es kann sehr gut hören, riechen und sehen. Bei Nacht sieht es etwa fünfmal besser als der Mensch. Außerdem ist das Raubtier ein ausgezeichneter Schwimmer und Kletterer. Es gehört zu den wenigen Lebewesen, die einen Baum vorwärts hinunterklettern können. Bei der Jagd lauert es manchmal auf einem Baum und stürzt sich von dort auf seine Beute. Das Fell ist mit schwarzen Kringeln übersät – ganz schwarze Exemplare nennt man Panther. Die gesuchte Katze lebt in Afrika und Asien.

Gesucht wird:

_ _ _ _ _ _ _

ICH BIN NICHT GESUCHT,

ABER WUSSTEST DU SCHON, DASS MEINE KÖNIGIN ÜBER 20 JAHRE ALT WERDEN KANN?

BRÜCKENRÄTSEL

Diese Wörter gehören in die leeren Kästchen. Jedes eingesetzte Wort muss im Gitter zum Wort davor passen und zu dem danach. Wenn du alles gelöst hast, ergibt sich hier von oben nach unten das Lösungswort.

HAND								MIETE
SCHADEN								SINN
KÜHL								ARZT
WIDER	S	T	A	N	D			BILD
DRAHT								PFAHL
SAND								PILZ
WEIN								ADER
SCHLAF								PFLANZE
WERK								LOHN
FRACHT								MARKE

VERSCHLÜSSELT

Diese Nachricht kannst du nur entschlüsseln, wenn du die Buchstaben jeweils durch den im ABC dahinterliegenden Buchstaben ersetzt.

B ist hier A

D ist E

KBMFD
QDCD,
JTQYDQ
RHMM

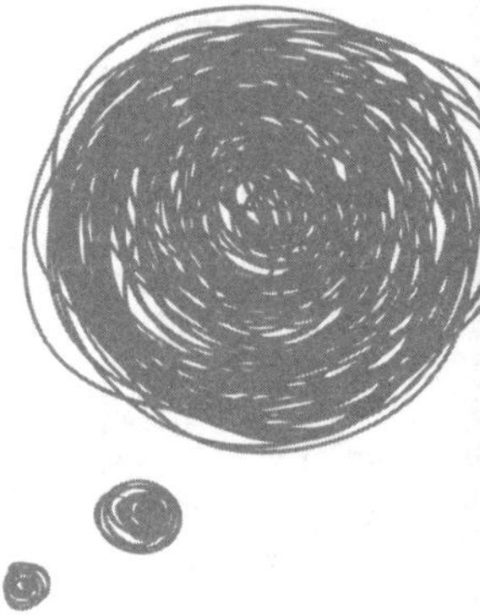

_ A _ _ _

_ _ _ _,

_ _ _ _ _ _

_ _ _ _

DURCHEINANDER

Die Wörter in den Kästchen sind durcheinandergeraten und nach dem ABC sortiert. Kannst du sie in der richtigen Reihenfolge in die leeren Kästchen schreiben? Fange immer in Pfeilrichtung an. Als kleine Hilfe siehst du unten schon, welche Wörter im Rätsel vorkommen.

EEFF NNO	AEEK LRT	AFFIN		EEP RTZ			
							ABB EKR
EEGI RTTW		EEHNW		IKP			
EKN / HIT				EET			
			ABRT				
EERU / ANP					BS		

Das sind die gesuchten Begriffe:

AFFIN - AST - ELEKTRA - ENTE - GEWITTER - ITH - KEN - KNIE - KRABBE - OEFFNEN - PAN - PIK - REUE - SB - TEE - TRAB - WEHEN - ZEPTER

HIER SIEHST DU VIELE LECKEREIEN. EINE PASST NICHT DAZU. FINDEST DU SIE?

QUIZ

WENN KLARA DIE SCHWESTER VON PETRA IST, DANN IST KLARAS SOHN …?

- O Petras Bruder
- O Petras Vater
- O Petras Neffe
- O Petras Onkel

KREUZWORTRÄTSEL

Falls du ein wenig Hilfe benötigst, findest du unter dem Rätsel die gesuchten Begriffe.

Wohnung einer Fuchsfamilie	▼	Bodendunst	▼	einstiger Herrscher über Russland	▼	Führer durch Fahrrinnen	▼	Blutbahn im Körper
südam. Riesenschlange ▶		▼						
▶				Staat in Südwestafrika		Sportkleidung		Windrichtung
kreuz und ...	orientalischer Titel		‚Stern-' als Fremdwort ▶	▼		▼		▼
niemand ▶	▼						bedeutet ‚halb'	
▶			Startzeichen, ‚...!'		Jetzt-Zustand ▶		▼	
Zeichen zum Rechnen		gewelltes Haarbüschel ▶	▼					Abk.: Arbeitsgemeinschaft
▶				Großmutter ▶				▼
Bundesland von Österreich		reich an Fruchtflüssigkeit ▶						

Das sind die gesuchten Begriffe:

Waagerecht:
ANAKONDA - ASTRO - IST - KEINER - LOCKE - MAL - OMA - QUER - SAFTIG - TIROL

Senkrecht:
ADER - AG - ANGOLA - BAU - KALIF - LOS - LOTSE - NEBEL - OST - SEMI - TRIKOT - ZAR

SCHLAFUNTERLAGE

Gesucht wird etwas, auf dem man schlafen kann.
Der Anfangsbuchstabe ist der größte Buchstabe.

L _ _ _ _ _ _ _ _ _ _ _

KREUZGITTER

Setze die Wörter so in das Kreuzwortgitter ein, dass alle Wörter ihren richtigen Platz erhalten. Im Gitterfeld darf kein Feld frei bleiben.

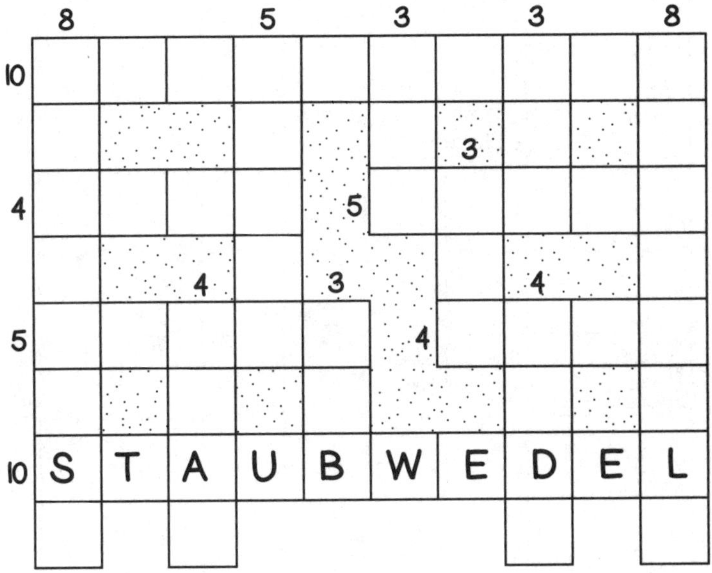

STREICHE HIER ALLE WÖRTER DURCH, DIE DU SCHON EINGESETZT HAST.

3 ARM, DIE, LOB, OED
4 AIDA, DART, GRAS, HELM
5 ARMEE, ENGEL, MOEWE
8 RUETTELN, SCHLEUSE
10 SALAMANDER, ~~STAUBWEDEL~~

BILDERRÄTSEL

Ganz unten findest du alle gesuchten Wörter!

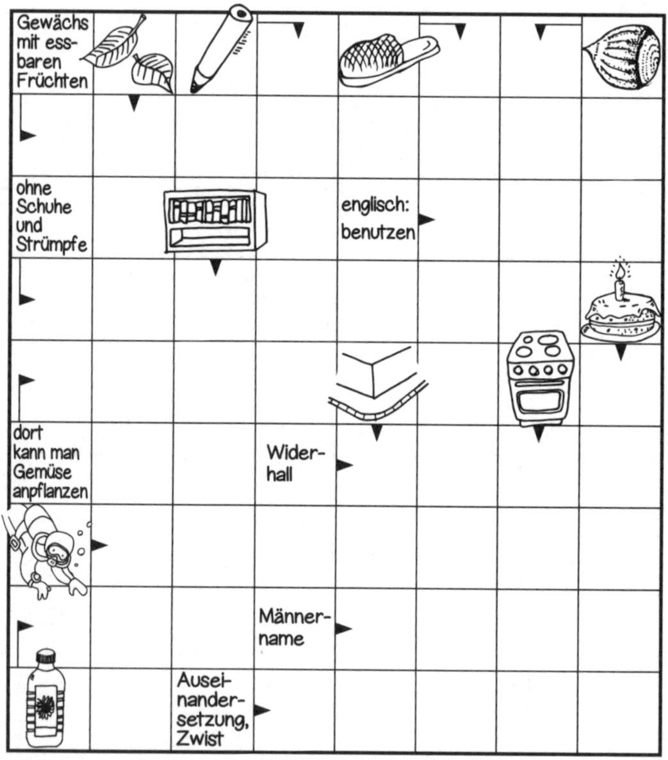

Waagerecht:
BARFUSS - BEET - ECHO - FEHDE - KURT - OBSTBAUM - OEL - TAUCHER - USE

Senkrecht:
BLAETTER - ECKE - HAUSSCHUH - HERD - NUSS - REGAL - STIFT - TORTE

STREICHE HIER ALLE WÖRTER DURCH, DIE DU SCHON EINGESETZT HAST.

KREUZWÖRTER

In den Kreuzen fehlt jeweils ein Buchstabe. Wenn du die richtigen einsetzt, ergeben sich sechs Begriffe rund um die **Kunst**.

Buchstabensalat

Ob waagerecht, senkrecht, schräg: Finde die nachfolgenden Wörter und streiche sie aus! Gesucht werden Gegenstände, die im **Büro** benutzt werden.

- HAENGEORDNER
- LINEAL
- LOCHER
- MARKER
- MONITOR
- ~~TACKER~~
- TELEFON
- TERMINPLANER

R	E	I	C	T	D	I	K	R	E	N	O	L	T	R
R	L	E	T	E	R	M	I	N	P	L	A	N	E	R
H	A	E	N	G	E	O	R	D	N	E	R	K	D	R
R	T	E	E	A	L	N	L	N	M	L	R	C	E	L
H	A	E	L	K	M	I	T	L	A	A	N	H	A	O
O	H	R	L	I	N	T	E	I	M	E	C	E	N	D
T	A	C	K	E	R	O	N	N	O	O	C	R	L	T
A	R	T	A	D	F	R	N	E	L	E	C	K	H	A
R	G	T	A	R	H	O	E	A	N	N	O	E	C	T
N	R	E	I	R	E	H	N	L	A	C	L	R	E	L

Wenn du genau hinschaust, kannst du vielleicht noch weitere Wörter finden.

SPRACHEN

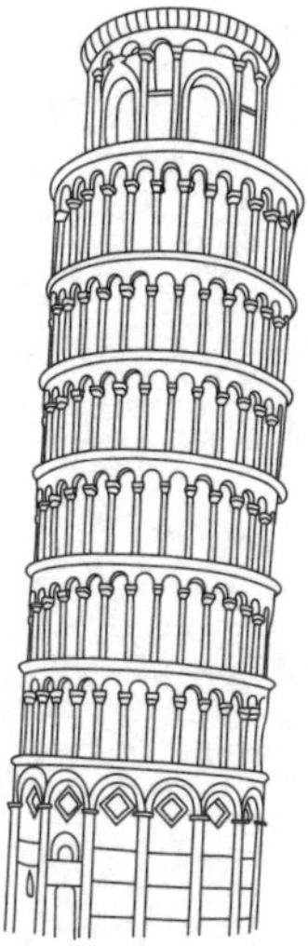

Hier siehst du vier Bauten, die in verschiedenen europäischen Städten stehen.

Comment ça va?

How are you?

Come stai?

¿Cómo estás?

In der jeweiligen Landessprache steht hier: »Wie geht es dir?« Kannst du die Texte den Bauten zuordnen?

GEHEIMCODE

Wenn du alle Felder mit Punkt ausmalst, entdeckst du eine Begrenzung. Kreuze an, was sie häufig umfasst!

O Lampen O Kissen

O Bilder O Besteck

TIER GESUCHT

Das gesuchte Tier schmeckt nicht. Das teilt es seinen Fressfeinden über seine leuchtende Färbung mit, die bei den in Deutschland heimischen Arten meist rötlich ist. Wird das Tier trotzdem angegriffen, stellt es sich tot und sondert ein stinkendes Sekret ab. Es ist bei Bauern und Gärtnern beliebt, da schädliche Läuse seine Hauptnahrungsquelle darstellen. Aus diesem Grund gilt das Insekt als Glückssymbol. Es kann fliegen, aber bei längeren Strecken bestimmt eher der Wind, wo es tatsächlich ankommt. Die Punkte auf den Deckflügeln sind das Markenzeichen des Insekts.

Gesucht wird:

_ _ _ _ _ _ _ _ _ _ _

ICH BIN NICHT GESUCHT,

ABER WUSSTEST DU SCHON, DASS ICH IN EINER STUNDE NUR 3 METER ZURÜCKLEGEN KANN?

BRÜCKENRÄTSEL

Diese Wörter gehören in die leeren Kästchen. Jedes eingesetzte Wort muss im Gitter zum Wort davor passen und zu dem danach. Wenn du alles gelöst hast, ergibt sich hier von oben nach unten das Lösungswort.

NAGEL								FARBE
NOTIZ								HALTER
OBER		D	E	C	K			NAME
UNTER								WOLLE
STARK								MANTEL
DICHT								SEIDE
KOCH								LAPPEN
WASSER								SPINNE
FRÜH								BUCH
DÜNN								STADT

VERSCHLÜSSELT

Diese Nachricht kannst du nur entschlüsseln, wenn du die Buchstaben jeweils durch den im ABC dahinterliegenden Buchstaben ersetzt.

B ist C

D ist E

UNM
MHBGSR
JNLLS
MHBGSR

_ _ _

_ _ _ _ _ _

_ _ _ _ _

_ _ _ _ _ _

DURCHEINANDER

Die Wörter in den Kästchen sind durcheinandergeraten und nach dem ABC sortiert. Kannst du sie in der richtigen Reihenfolge in die leeren Kästchen schreiben? Fange immer in Pfeilrichtung an. Als kleine Hilfe siehst du unten schon, welche Wörter im Rätsel vorkommen.

ABEI IKR	AEIK RTV	EIPRZ					EIRS
							AES TTU
		EEGST					
AET / ETU				KLO		DOU	
			KNTU				
EGIL / AEV					DU		
			BEOO				

Das sind die gesuchten Begriffe:

AKRIBIE - ATE - AVE - BIENEN - DU - EIS - GESPENST - IGEL - KLO - KNUT - KREATIV - OBOE - REIS - STATUE - STEGE - UDO - UTE - ZIRPE

KANNST DU ERKENNEN, WELCHES KÄTZCHEN SICH HÜBSCH GEMACHT HAT?

QUIZ

WELCHES LAND IST GLEICHZEITIG EIN KONTINENT?

- O USA
- O Russland
- O Australien
- O China

KREUZWORTRÄTSEL

Falls du ein wenig Hilfe benötigst, findest du unter dem Rätsel die gesuchten Begriffe.

in der Nähe von etwas		Unterweisung		zweistellige Zahl		Frage nach dem Werkzeug		tiefes Bedauern
Armknochen								
				zweiteiliger Badeanzug		kleiner Sack		Teil eines Fahrzeugs
Gegenteil von ‚flach‘	Frau am Tag ihrer Hochzeit		am Wasser lebendes Nagetier					
seitliche Ausdehnung							Filmstar (kleiner Clownfisch)	
			ein Raum in der Wohnung		plus, zusätzlich			
er kommt aus Irland		höflich vorgetragener Wunsch						lernen, ... zu verstehen
					Laufvogel			
Staat in Nordostafrika		akademischer Grad						

Das sind die gesuchten Begriffe:

Waagerecht:
BIBER - BITTE - BREITE - DIPLOM - ELLBOGEN - EMU - IRE - SUDAN - TIEF - UND

Senkrecht:
BAD - BEI - BEUTEL - BIKINI - BRAUT - ELF - LEHRE - NEMO - RAD - REUE - UM - WOMIT

ORDNUNG

Gesucht wird etwas, in dem man seine Klamotten aufbewahrt. Der Anfangsbuchstabe ist der größte Buchstabe.

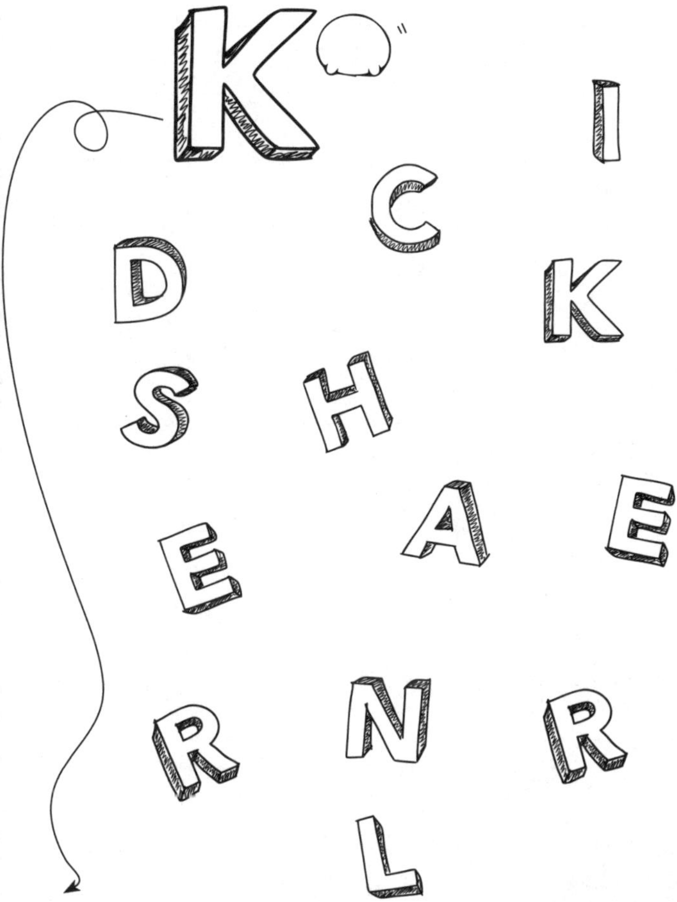

K _ _ _ _ _ _ _ _ _ _ _ _ _

KREUZGITTER

Setze die Wörter so in das Kreuzwortgitter ein, dass alle Wörter ihren richtigen Platz erhalten. Im Gitterfeld darf kein Feld frei bleiben.

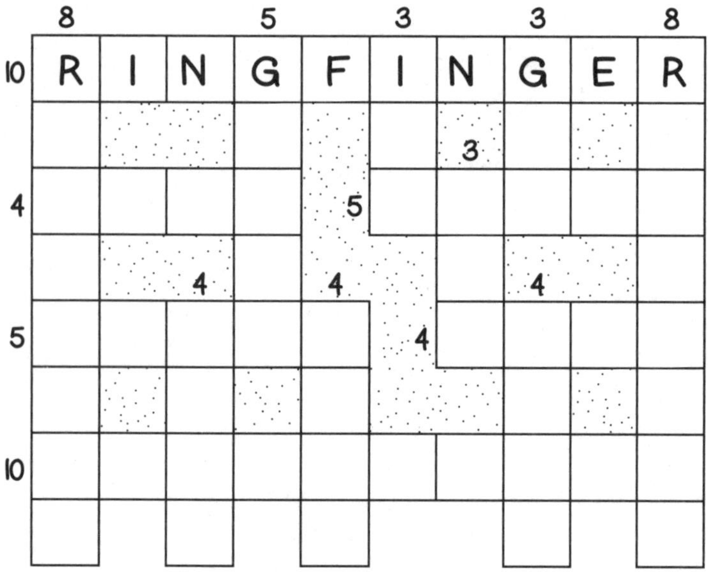

STREICHE HIER ALLE WÖRTER DURCH, DIE DU SCHON EINGESETZT HAST.

3 ALB, GUT, IRR
4 BETT, ECKE, EIBE, HOCH, HOSE
5 ECHSE, GLEIS, RATTE
8 ROHSEIDE, RUESTUNG
10 DACHBALKEN, ~~RINGFINGER~~

BILDERRÄTSEL

Ganz unten findest du alle gesuchten Wörter!

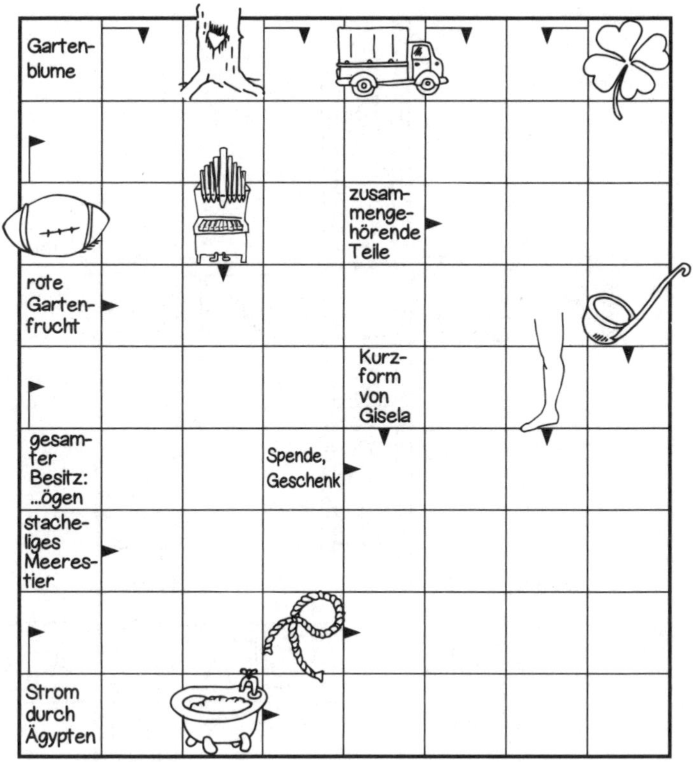

Waagerecht:
FOOTBALL - GABE - NIL - SEEIGEL - SEIL - SET - TOMATE - VERM - WANNE

Senkrecht:
BEIN - GISA - HORTENSIE - KELLE - KLEE - LASTWAGEN - ORGEL - STAMM

STREICHE HIER ALLE WÖRTER DURCH, DIE DU SCHON EINGESETZT HAST.

KREUZWÖRTER

In den Kreuzen fehlt jeweils ein Buchstabe. Wenn du die richtigen einsetzt, ergeben sich sechs **Vögel**.

BUCHSTABENSALAT

Ob waagerecht, senkrecht, schräg: Finde die nachfolgenden Wörter und streiche sie aus! Gesucht werden **blühende Pflanzen**.

AKELEI
ANEMONEN
ASTERN
CALLA
~~DAHLIEN~~
FLIEDER
GERBERA
LILIEN
LISIANTHUS
NARZISSEN
NELKEN
ROSEN
TULPEN

S	I	E	D	E	A	S	C	A	L	L	A	S	N	S
E	P	N	T	E	T	N	E	N	E	N	U	E	N	R
F	A	K	E	E	I	I	R	R	L	H	F	E	N	E
L	N	A	A	I	H	E	P	N	T	K	S	E	D	G
I	E	A	L	E	T	U	E	N	E	S	P	A	E	E
E	M	K	A	S	R	P	A	L	I	L	I	E	N	R
D	O	E	A	N	O	I	E	Z	U	S	K	O	E	B
E	N	L	M	B	S	L	R	T	A	A	A	E	E	E
R	E	E	T	I	E	A	S	L	E	A	L	I	N	R
L	N	I	L	K	N	H	D	A	H	L	I	E	N	A

Wenn du genau hinschaust, kannst du vielleicht noch weitere Wörter finden.

Zeder

Kiefer

Hier siehst du vier Abbildungen von Zapfen. Kannst du sie den dazugehörigen Baumnamen zuordnen?

Fichte

Lärche

GEHEIMCODE

_ _ _ _ _ _ _

Wenn du alle Felder mit Punkt ausmalst, entdeckst du ein Tier. Kreuze an, wo es in freier Natur lebt!

O in Afrika und Asien
O in Afrika und Australien
O in Australien und Amerika
O in Amerika und Asien

TIER GESUCHT

Das gesuchte Tier hat keine natürlichen Feinde. Es jagt meistens in der Gruppe und wendet dabei clevere Techniken an, um seine Beute zu überrumpeln: Einen Hai dreht es zum Beispiel auf den Rücken, wodurch der Raubfisch in eine Starre fällt und sich nicht mehr wehren kann. Benannt wurde das gesuchte Tier nach seiner Rückenfinne, die bei Männchen bis zu 1,80 Meter lang werden kann. Der schwarz-weiße »Killer« zählt zu den Delfinen und ist weltweit verbreitet, selbst in den Polarmeeren.

Gesucht wird:

_ _ _ _

ICH BIN NICHT GESUCHT,

ABER WUSSTEST DU SCHON, DASS MEINE HAUT AM GANZEN KÖRPER SCHWARZ IST?

BRÜCKENRÄTSEL

Diese Wörter gehören in die leeren Kästchen. Jedes eingesetzte Wort muss im Gitter zum Wort davor passen und zu dem danach. Wenn du alles gelöst hast, ergibt sich hier von oben nach unten das Lösungswort.

WIRBEL								STILL
PFAND								TRÄGER
TISCH								BALL
DACH								TURNEN
SCHLEUDER								GABE
GEIZ								TUCH
MUTTER								VOLL
WELT								WINKEL
BRAUN	K	O	H	L	E			OFEN
FLUSS								BEZUG

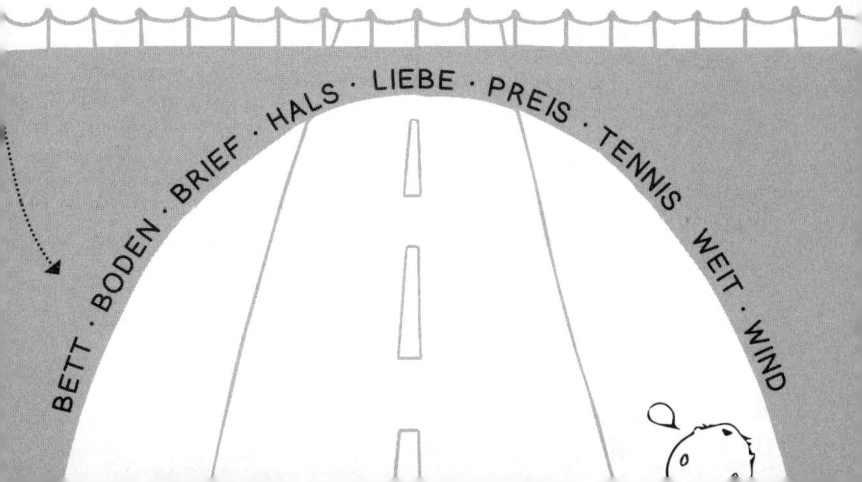

VERSCHLÜSSELT

Diese Nachricht kannst du nur entschlüsseln, wenn du die Buchstaben jeweils durch den im ABC davorliegenden Buchstaben ersetzt.

B ist A

D ist C

OPU
NBDIU
FSGJOEFSJTDI

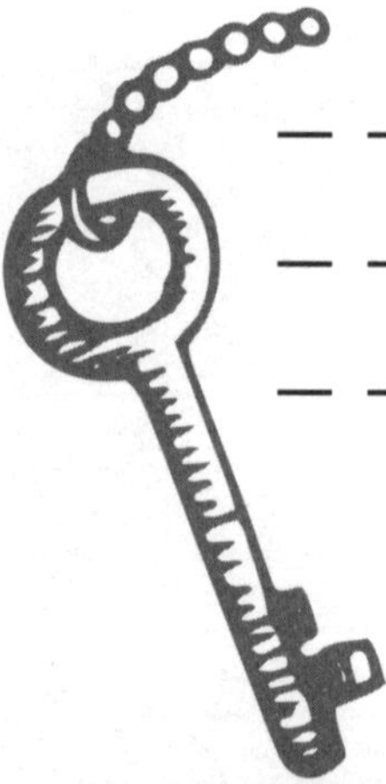

_ _ _

_ _ _ _ _

_ _ _ _ _ _ _ _ _ _ _ _

BILDERRÄTSEL

Ganz unten findest du alle gesuchten Wörter!

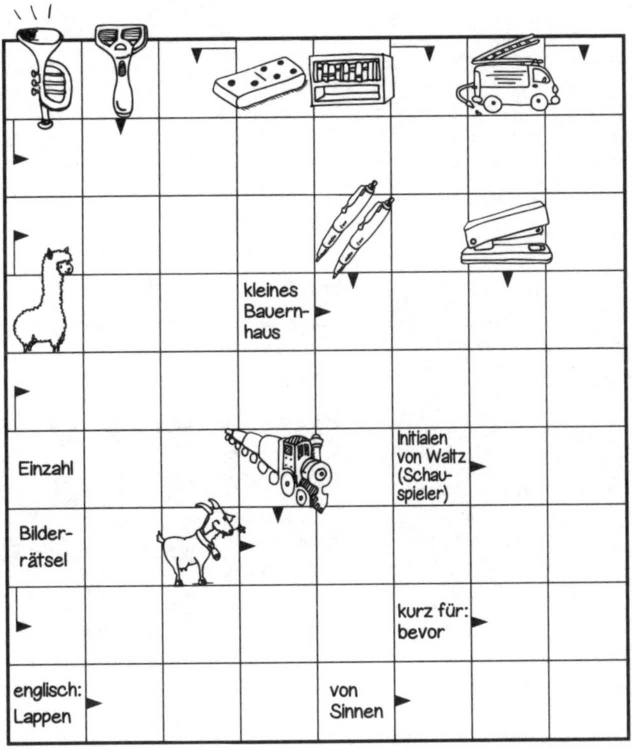

Waagerecht:
CW - EH - IRR - KATE - LAMA - RAG - REBUS - SINGULAR - TROMPETE - ZICKE

Senkrecht:
DOMINO - FEUERWEHR - KULIS - RASIERER - REGAL - TACKER - ZUG

STREICHE HIER ALLE WÖRTER DURCH, DIE DU SCHON EINGESETZT HAST.

AUFLÖSUNGEN

SEITE 6

R	S	I	Q	U	S	F	Q	U	I	N	T	E	T	T
Q	G	E	I	U	T	N	E	N	C	I	W	A	F	C
U	U	H	E	T	A	U	C	L	S	L	F	I	Q	E
A	G	S	E	X	T	E	T	T	C	N	I	T	E	I
R	U	D	E	L	S	P	F	T	H	E	C	Q	F	P
T	E	H	P	A	R	T	E	I	W	I	I	T	U	U
E	I	M	A	N	N	S	C	H	A	F	T	T	U	E
T	M	G	R	U	P	P	E	I	R	L	M	Q	I	R
T	X	T	T	C	A	E	F	A	M	I	L	I	E	I
E	E	A	C	T	N	P	E	V	E	R	E	I	N	T

SEITE 7

SEITE 8

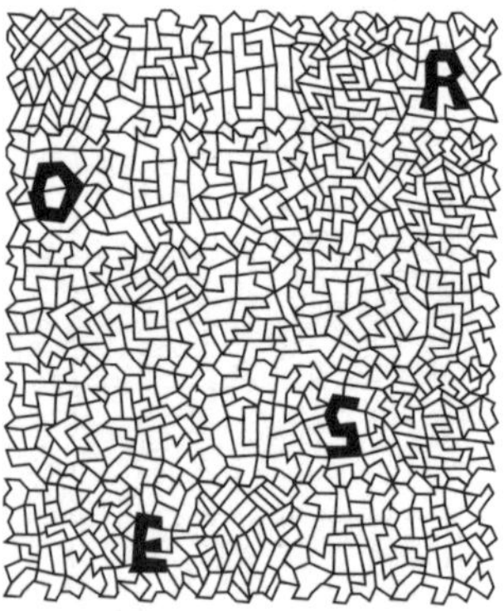

ROSE und
Die Schöne und das Biest

SEITE 9

Der Löwe

SEITE 11

Abwarten und Tee trinken.

SEITE 10

■	■	Z	A	H	N	■
■	■	Z	U	C	H	T
K	U	N	S	T	■	■
■	■	■	W	I	N	D
■	■	B	A	N	K	■
■	■	F	E	U	E	R
F	A	C	H	■	■	■
■	■	■	L	A	D	E
■	P	R	E	I	S	■
Z	A	U	N	■	■	■

SEITE 12

■	■	■	G	■	L	E	■
S	A	U	R	I	E	R	■
■	N	■	U	■	I	D	O
S	E	M	E	S	T	E	R
■	M	A	N	■	E	■	A
S	O	L	■	U	R	A	N
■	N	E	I	D	■	A	G
R	E	N	■	O	E	L	E

SEITE 13

Vergissmeinnicht

SEITE 14

■	B	■	A	■	T	■	S	■
■	U	R	L	A	U	B	E	R
E	G	A	L	■	L	■	I	■
■	■	D	■	S	P	A	T	Z
■	K	A	S	P	E	R	■	U
G	A	R	■	A	■	T	I	M
■	I	■	K	L	E	I	D	■
K	R	A	U	T	■	S	E	E
■	O	■	H	E	F	T	E	R

SEITE 15

ERDBEERMARMELADE

SEITE 16

K	A	M	M		T	R	O	L	L
O			E			U			I
N			G		N	E	L	K	E
S	T	R	A	N	D				B
U					R		U		E
L	U	F	T	B	A	L	L	O	N
A		I					A		
T	O	T	E	M		G	N	O	M

SEITE 17

■	■	B	■	■	O	■	F
E	G	I	T	A	R	R	E
K	E	K	S	■	G	■	U
■	W	I	■	F	E	T	E
S	I	N	G	U	L	A	R
■	T	I	■	C	■	C	W
■	T	■	T	H	E	K	E
N	E	U	E	S	■	E	H
■	R	E	E	■	I	R	R

SEITE 18

KAMILLE, MELISSE
BLATT, STAMM
FLIEDER, FREESIE

SEITE 19

I	I	E	T	N	A	E	T	N	A	E	H	T	C	W
E	I	E	U	H	N	S	E	E	E	U	T	E	R	A
H	N	S	E	S	E	H	R	K	O	A	E	L	K	S
A	N	I	R	F	U	K	R	T	R	E	P	P	E	S
U	E	B	R	I	E	U	A	W	D	D	E	C	K	E
S	N	A	A	K	T	N	S	M	K	E	L	L	E	R
T	W	M	H	L	S	U	S	R	I	A	A	E	A	H
U	A	A	M	R	K	D	E	T	N	N	P	A	O	A
E	N	T	E	E	T	O	I	L	E	T	T	E	E	H
R	D	P	N	P	R	R	N	F	A	R	W	W	E	N

SEITE 20

SEITE 21

MAIS und
Popcorn

SEITE 22

Der Elch

SEITE 23

■	T	I	S	C	H	■
■	B	U	E	G	E	L
■	S	T	E	I	N	■
Z	I	E	L	■	■	■
D	R	O	S	S	E	L
■	S	T	O	S	S	■
■	W	A	R	T	E	■
■	B	O	G	E	N	■
N	A	G	E	L	■	■
■	H	E	R	R	■	■

SEITE 24

Wer nicht will, der hat schon.

SEITE 25

■	S	■	B	■	H	K	■
■	T	U	R	B	A	N	■
■	E	■	A	■	N	I	K
U	R	K	U	N	D	E	N
■	N	I	E	■	B	■	O
D	E	O	■	P	A	K	T
■	■	S	T	I	L	L	E
Y	A	K	■	K	L	O	N

SEITE 26

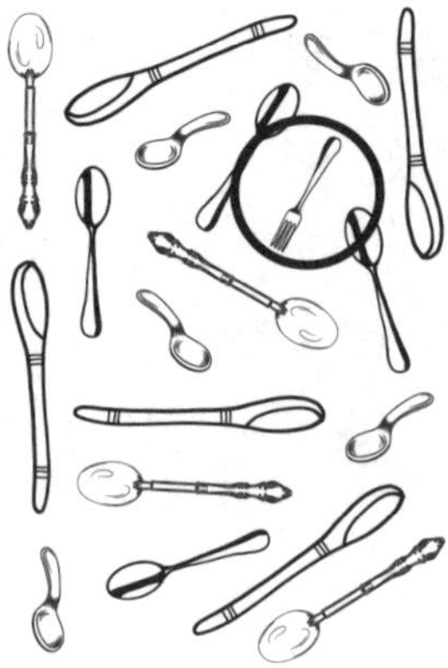

Miesmuschel

SEITE 27

■	P	■	R	K	■	■	Z	■
W	O	H	I	N	■	R	U	F
■	O	■	E	I	N	I	G	E
B	L	A	S	E	■	T	■	S
■	■	■	E	■	H	A	F	T
■	L	U	N	G	E	■	A	■
F	A	I	R	■	B	R	U	T
■	U	■	A	M	E	I	S	E
■	B	A	D	■	N	O	T	E

SEITE 28

VANILLEPUDDING

SEITE 30

■	■	B	■	■	S	■	F
K	R	A	W	A	T	T	E
S	U	E	D	■	A	■	U
■	C	L	■	A	M	M	E
■	K	L	A	M	M	E	R
U	S	E	■	P	■	S	Z
■	A	■	L	E	I	S	E
■	C	O	O	L	■	E	U
■	K	A	T	■	A	R	G

SEITE 29

```
W A S S E R F A L L
    O       E
G O L D F I S C H E
    I       S   H   I
T A S C H E   A   C
A   T       B   R E H
L   I       U   M   E
K I N N   S A E E N
```

SEITE 31

ZWIEBEL, BULETTE
SNACK, KRAUT
GERICHT, SPEISEN

SEITE 33

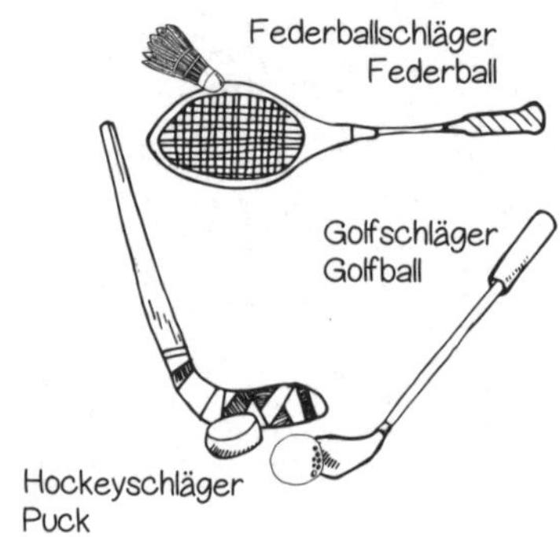

SEITE 32

```
R R L E B I L B A E F I A I L
A N G R T A N N E N M E I S E
S L N B S N A M E R N N G N E
K F N G N A C H T I G A L L I
L A L E I C N E I K M F C B K
E T A R A E R I B N M N I L N
I I E I L M E N L H A N E N A
B I G T E L S H N M N G C E K
E L H G I M P E L L E R C H E
R K I M I I R K L N E H I I N
```

SEITE 34

KRIMI und
um ein Verbrechen

SEITE 35

Der Emu

SEITE 36

■	■	W	E	R	T	■	
F	O	R	M	■	■	■	
F	R	E	I	■	■	■	
■	■	■	G	O	L	F	
■	■	K	R	E	B	S	
■	L	E	I	C	H	T	
■	■	N	E	T	Z	■	
■	■	P	R	E	I	S	
■	■	W	E	I	T	■	
■	F	I	N	G	E	R	

SEITE 37

Hinterher ist man
immer schlauer.

SEITE 38

■	■	■	Z	■	K	H	■
L	A	T	E	R	N	E	■
■	N	■	N	■	O	F	T
G	E	W	I	T	T	E	R
■	M	I	T	■	E	■	I
T	O	D	■	E	N	T	E
■	N	E	O	N	■	A	B
D	E	R	■	A	L	O	E

SEITE 39

eine Katze

SEITE 40

■	H	■	K	■	W	■	M	■
Z	A	H	L	■	A	N	I	S
■	L	■	E	■	S	A	T	T
■	S	T	O	R	C	H	■	A
■	K	A	P	■	H	E	R	B
M	E	G	A	■	E	■	I	■
■	T	■	T	A	N	K	E	R
S	T	A	R	R	■	U	S	A
■	E	■	A	M	■	H	E	U

SEITE 41

SCHNURRHAARE

SEITE 42

E	N	G	A	G	E	M	E	N	T
R		L			R		F		I
D		A			D		E		E
T	A	S	C	H	E	N	U	H	R
E		H		U		E			A
I	S	A		M	A	U	R	E	R
L		U		A					Z
E	S	S	E	N	Z		P	S	T

SEITE 43

■	A	Z	■	■	R	■	U
■	N	A	T	T	E	R	N
E	S	E	L	■	G	■	T
■	P	H	■	N	A	B	E
S	I	N	G	U	L	A	R
■	T	E	■	D	■	F	H
■	Z	■	H	E	N	N	E
S	E	O	U	L	■	K	M
■	R	O	T	■	O	E	D

SEITE 44

KETTE, MOTOR
NADEL, FADEN
HARKE, KARRE

SEITE 45

V U B E E E E D E T E N O M E
E S T U E R M E H T L T A L R
R N S R U H E B N I D N T R E
M O K T O B E R S T E O M E M
H A L L O W E E N S I V E M E
H E H A B T E R N R C E R M T
H E R B S T W A L D H M O K A
E E R B K L N R B L E B C R O
N H O T H S O E B R L E L R B
W O A O R R B B H T N R E O O

SEITE 46

Schraubenschlüssel
Sechskantschraube

Hammer
Nägel

Schraubenzieher
Schraube

SEITE 47

HOLZ und
aus Bäumen

SEITE 48

Der Fennek

SEITE 49

■	■	B	A	C	H	■
■	■	M	U	E	L	L
■	■	■	S	I	T	Z
W	O	R	T	■	■	■
■	P	A	R	K	■	■
■	■	W	A	L	D	■
■	■	G	L	A	S	■
■	B	R	I	E	F	■
■	S	P	E	I	S	E
■	G	A	R	T	E	N

SEITE 50

Aller guten Dinge sind drei.

SEITE 51

■	■	B	■	O	■	■	■
Z	A	U	B	E	R	E	R
K	U	G	E	L	■	S	■
■	F	■	E	■	R	E	H
■	G	A	R	N	E	L	E
■	A	T	E	■	G	■	N
G	N	U	■	D	E	A	N
■	G	E	R	A	N	I	E

SEITE 52

Mutter

SEITE 53

■	K	■	W	■	■	V	■	■
K	A	R	A	T	■	A	R	D
■	N	■	A	■	E	T	U	I
M	A	R	G	E	R	I	T	E
K	L	E	E	■	D	■	S	■
■	■	G	■	K	E	L	C	H
■	B	L	E	I	■	E	H	E
Z	O	O	■	E	I	N	E	R
■	A	S	Y	L	■	A	N	D

SEITE 54

STERNSCHNUPPE

SEITE 55

```
BLATT HUF
I    R O  P
LIEGESTUHL
D    I E  A
BUS BALLON
A    E I  L
N    IRE  O
DARTS REIS
```

SEITE 56

■	G	B	■	■	K	E	■
■	A	U	F	G	A	N	G
D	R	E	I	■	N	T	■
■	T	H	■	B	A	E	R
■	E	N	G	E	L	■	A
O	N	E	■	S	■	E	K
■	T	■	Z	E	L	T	E
■	O	B	E	N	■	U	T
■	R	E	H	■	N	I	E

SEITE 57

LEKTION, DEUTSCH
LESEN, MUSIK
MATHE, TUTOR

SEITE 58

```
O C C R S T A N D E S A M T M
B U J B U R H T T H E I R A T
A H E A A T M E R A T K O T A
R U R T W A F N A D B I T F M
N B F U B O R I U J I R T A A
R E O G N W R U R M U C U R R
A E K A E H O T I G A H U W U
A B N R A B A N N B O E E B T
E T D E R R O E G G D U I A K
A A T T R G T T E S U A R T C
```

SEITE 59

SEITE 60

OMA und
Rotkäppchen

SEITE 61

Der Gorilla

SEITE 62

■	■	■	W	I	N	D
■	■	L	A	D	E	■
■	T	I	S	C	H	■
■	A	U	S	S	E	N
■	■	W	E	I	T	■
■	W	E	R	T	■	■
■	■	■	L	E	S	E
■	■	Z	A	H	N	■
■	M	A	U	E	R	■
■	■	■	F	A	L	L

SEITE 63

Knapp daneben ist
auch vorbei.

SEITE 64

■	■	B	■	■	B	■	E
U	S	A	■	M	I	D	I
■	P	E	G	A	S	U	S
I	R	R	■	X	■	S	■
■	I	■	M	I	L	C	H
■	T	J	A	■	A	H	A
■	Z	■	S	A	M	E	N
B	E	T	T	■	A	N	D

SEITE 65

Deckweiß

SEITE 66

■	B	■	S	R	■	■	P	■
K	L	A	U	E	■	F	I	T
■	U	■	R	I	S	I	K	O
S	T	O	F	F	■	F	■	L
■	■	■	B	■	K	A	R	L
■	A	O	R	T	A	■	U	■
R	U	H	E	■	M	O	F	A
■	C	■	T	I	P	P	E	N
■	H	U	T	■	F	A	N	S

SEITE 67

WASSERRUTSCHE

SEITE 68

```
H O B E L   G E L B
A     U   E       I
M U S I K E R     O
B   I   E   M A S T
U   E         N   O
R O B B E   O B E N
G             A   N
  M O H N B L U M E
```

SEITE 69

■	S	K	■	■	N	■	F
■	P	A	T	R	O	N	E
G	A	R	N	■	T	■	U
■	G	T	■	B	E	T	E
■	H	O	E	R	N	E	R
G	E	N	■	I	■	L	W
■	T	■	F	E	I	L	E
■	T	I	E	F	■	E	H
■	I	R	E	■	I	R	R

SEITE 70

SCHOLLE, SPROTTE
HECHT, LACHS
FLUNDER, GARNELE

SEITE 71

```
R O M U T V E K A M S T E L E
R M E A T M T A S E M E E M A
O S M M T R E S A N X X O N V
T T R S T J E N E V E R G H E
T A S A C S E C T T M L E R E
E R E O H R A S H D E R D G M
R H H N A S C N E T A X A O R
D K A E S E S O R T E N M U R
A C K R M O S C H E L D E D J
M E M A A S T R I C H T R A E
```

SEITE 72

Fahrrad
Fahrradhelm

Pferd
Reithelm

Football
Footballhelm

Motorrad
Motorradhelm

SEITE 73

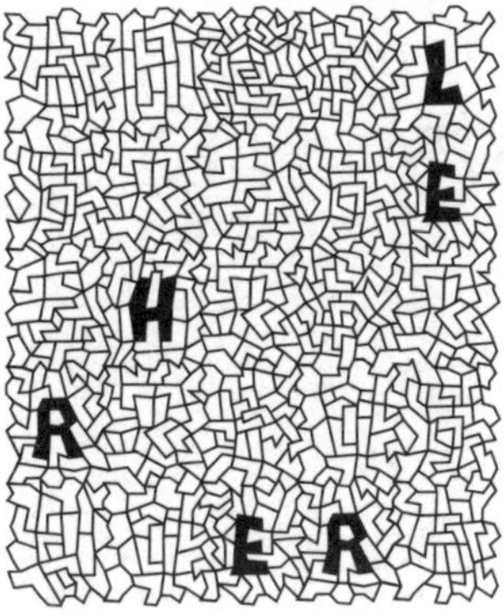

LEHRER und
in der Schule

SEITE 74

Der Hamster

SEITE 75

		K	R	E	I	S
			H	O	L	Z
		F	E	U	E	R
H	A	L	S			
S	C	H	U	T	Z	
D	R	O	S	S	E	L
		S	A	E	G	E
S	T	O	F	F		
			F	O	R	M
S	P	I	E	L		

SEITE 76

Die Hoffnung
stirbt zuletzt.

SEITE 77

	P		A		H	I	
	F	E	U	R	I	G	
	A		G		M	E	K
E	N	S	E	M	B	L	E
	N	O	N		E		G
Z	E	H		B	E	T	E
		L	A	U	R	E	L
F	E	E		S	E	E	N

SEITE 78

22

SEITE 79

	U		A		N		K	
	H	U	R	R	I	K	A	N
P	U	M	A		E		H	
		W		S	T	A	N	D
	H	E	F	T	E	R		O
Z	I	G		E		B	O	N
	L		A	L	T	E	R	N
P	F	A	H	L		I	C	E
	E		N	E	K	T	A	R

SEITE 80

BÜCHERREGAL

SEITE 81

T	E	I	C	H		T	O	P	F
R				A		A			O
A	B	D	R	U	C	K			L
E		O		T		T	A	N	K
N		R					D		L
K	A	N	A	L		D	I	N	O
E			L				E		R
	T	O	P	F	B	L	U	M	E

SEITE 82

	P	B			A		
	L	A	E	S	S	I	G
R	A	C	K	E	T		A
	N	H		P		U	Z
	W		P	I	N	N	E
M	A	R	I	A		F	
	G		R		K	A	T
M	E	D	A	I	L	L	E
	N	A	T		O	L	E

SEITE 83

SPIELER, ABSEITS
TORWART, EINWURF
FITNESS, TURNIER

SEITE 84

H	D	S	C	H	A	E	F	E	R	H	U	N	D	T
S	C	H	N	A	U	Z	E	R	O	N	L	O	O	A
W	N	O	D	N	E	F	G	D	T	O	C	E	B	E
M	A	L	T	E	S	E	R	D	T	P	U	D	E	L
D	A	C	K	E	L	E	M	O	W	W	O	R	R	E
R	U	A	I	R	R	L	C	G	E	C	E	E	M	L
T	S	E	T	T	E	R	X	G	I	O	E	G	A	A
N	W	I	N	D	S	P	I	E	L	R	O	I	N	I
R	R	N	S	D	S	T	S	E	E	G	A	L	N	K
D	E	M	F	O	X	T	E	R	R	I	E	R	U	A

SEITE 85

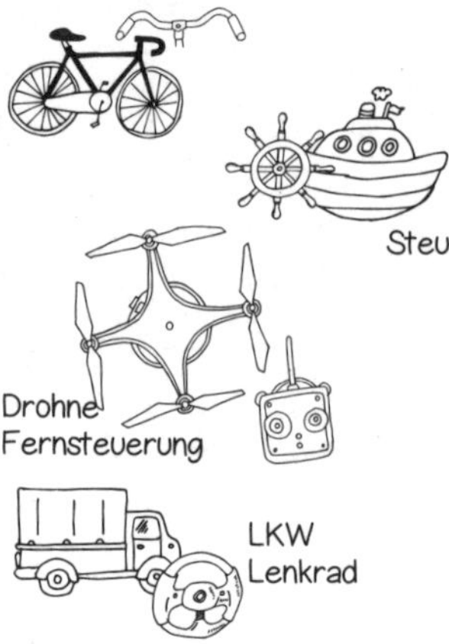

SEITE 86

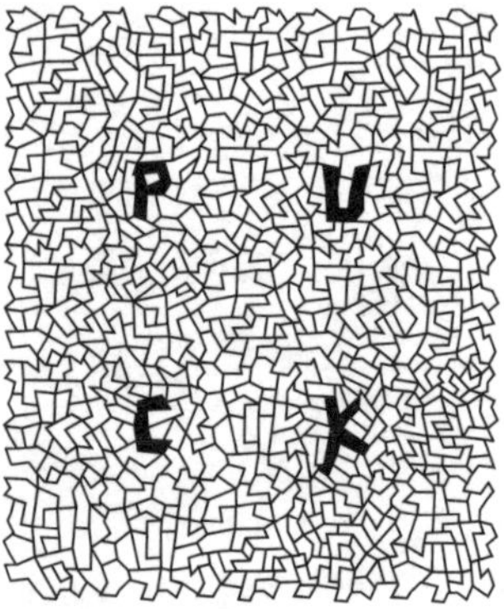

PUCK und
beim Eishockey

SEITE 87

Der Krake

SEITE 88

■	■	■	P	A	S	S
■	■	T	A	N	K	■
O	B	S	T	■	■	■
■	W	A	R	T	E	■
■	F	R	O	S	C	H
■	■	G	U	S	S	■
G	E	W	I	C	H	T
■	S	A	L	Z	■	■
M	A	H	L	■	■	■
■	■	L	E	S	E	■

SEITE 89

Alles, was
sich reimt,
ist gut.

SEITE 90

■	■	A	■	E	■	■	■
S	A	R	D	I	N	E	N
H	U	M	O	S	■	I	■
■	F	■	H	■	R	E	S
■	G	A	L	E	E	R	E
■	A	U	E	■	B	■	N
E	N	G	■	D	E	O	S
■	G	E	D	A	N	K	E

SEITE 91

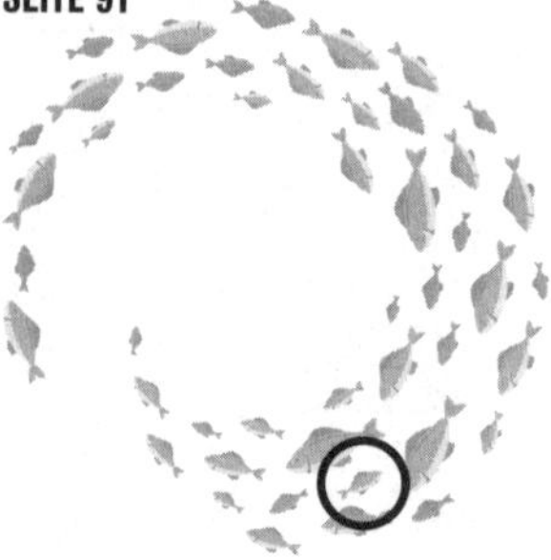

Fagott

SEITE 92

■	S	■	M	K	■	■	O	■
R	E	G	A	L	■	E	M	U
■	H	■	R	E	P	T	I	L
F	R	A	G	E	■	U	■	M
■	■	■	E	■	E	I	N	E
■	T	I	R	O	L	■	O	■
S	E	M	I	■	V	A	T	I
■	X	■	T	E	I	L	E	N
■	T	E	E	■	S	I	N	N

SEITE 93

FLASCHENPOST

SEITE 94

S	E	E	R	A	E	U	B	E	R
C			U		I		O		E
H	U	F	E		D	U	B	A	I
L			B						S
A	C	K	E	R		K	N	I	E
N		I					A		W
G	E	L	D	B	O	E	R	S	E
E		T					R		G

SEITE 95

		B			K		U
T	R	U	T	H	A	H	N
B	A	E	R		N		T
	S	H		R	A	B	E
S	I	N	G	U	L	A	R
	E	E		D		E	H
	R		H	E	N	N	E
L	E	I	E	R		K	M
	R	A	U		O	E	D

SEITE 96

PIANO, KLANG
TENOR, KANON
MELODIE, XYLOFON

SEITE 97

E	A	A	L	H	A	I	E	L	N	T	N	N	E	H
L	E	B	A	D	E	M	A	N	T	E	L	A	A	T
B	L	B	L	I	B	L	C	E	F	S	O	G	I	A
A	H	D	N	S	C	O	B	T	L	T	S	E	L	S
D	S	B	E	C	E	B	I	N	S	E	N	L	R	E
E	S	H	L	F	F	F	C	L	L	T	N	F	H	L
T	B	A	I	U	E	L	D	L	E	A	N	E	N	E
U	I	E	A	I	I	F	I	A	B	R	E	I	I	H
C	S	S	E	I	F	E	N	S	C	H	A	L	E	A
H	D	N	S	T	C	S	B	A	D	E	O	E	L	A

SEITE 98

Fußballschuhe
Fußball

Gummistiefel
Regen

Flossen
Meer

Wanderschuhe
Berge

SEITE 99

KLAVIER und
Piano

SEITE 100

Der Leopard

SEITE 101

			W	A	R	M
	F	R	O	H		
F	A	C	H			
S	T	A	N	D		
			Z	A	U	N
S	T	E	I	N		
K	R	A	M	P	F	
	Z	I	M	M	E	R
T	A	G	E			
		B	R	I	E	F

SEITE 102

Lange Rede,
kurzer Sinn.

SEITE 103

			A		Z	K	
O	E	F	F	N	E	N	
	L		F		P	I	K
G	E	W	I	T	T	E	R
	K	E	N		E		A
I	T	H		T	R	A	B
	R	E	U	E		S	B
P	A	N		E	N	T	E

SEITE 104

Petras Neffe

SEITE 105

■	B	■	Z	■	L	■	A	■
■	A	N	A	K	O	N	D	A
Q	U	E	R	■	T	■	E	■
■	■	B	■	A	S	T	R	O
■	K	E	I	N	E	R	■	S
M	A	L	■	G	■	I	S	T
■	L	■	L	O	C	K	E	■
T	I	R	O	L	■	O	M	A
■	F	■	S	A	F	T	I	G

SEITE 106

LUFTMATRATZE

SEITE 107

S	A	L	A	M	A	N	D	E	R
C			R		R		I		U
H	E	L	M		M	O	E	W	E
L			E			E			T
E	N	G	E	L		D	A	R	T
U		R		O			I		E
S	T	A	U	B	W	E	D	E	L
E		S					A		N

SEITE 108

■	■	■	S	■	H	N	■
O	B	S	T	B	A	U	M
■	L	■	I	■	U	S	E
B	A	R	F	U	S	S	■
B	E	E	T	■	S	■	T
■	T	G	■	E	C	H	O
■	T	A	U	C	H	E	R
O	E	L	■	K	U	R	T
■	R	■	F	E	H	D	E

SEITE 109

GALERIE, MALEREI
PINSELN, PLASTIK
PORTRÄT, BASTELN

SEITE 110

R	E	I	C	T	D	I	K	R	E	N	O	L	T	R
R	L	E	T	E	R	M	I	N	P	L	A	N	E	R
H	A	E	N	G	E	O	R	D	N	E	R	K	D	R
R	T	E	E	A	L	N	L	N	M	L	R	C	E	L
H	A	E	L	K	M	I	T	L	A	A	N	H	A	O
O	H	R	L	I	N	T	E	I	M	E	C	E	N	D
T	A	C	K	E	R	O	N	N	O	O	C	R	L	T
A	R	T	A	D	F	R	N	E	L	E	C	K	H	A
R	G	T	A	R	H	O	E	A	N	N	O	E	C	T
N	R	E	I	R	E	H	N	L	A	C	L	R	E	L

SEITE 111

Der Schiefe Turm
Pisa
Italien

Sagrada Família
Barcelona
Spanien

Eiffelturm
Paris
Frankreich

Big Ben
London
England

SEITE 112

RAHMEN und Bilder

SEITE 113

Der Marienkäfer

SEITE 114

L	A	C	K	■	■	■
■	■	B	U	C	H	■
■	D	E	C	K	■	■
■	■	■	H	O	L	Z
■	■	R	E	G	E	N
■	K	U	N	S	T	■
T	O	P	F	■	■	■
■	■	V	O	G	E	L
J	A	H	R	■	■	■
D	A	R	M	■	■	■

SEITE 115

Von nichts kommt nichts.

SEITE 116

■	■	■	Z	■	B	R	■
A	K	R	I	B	I	E	■
■	R	■	R	■	E	I	S
G	E	S	P	E	N	S	T
■	A	T	E	■	E	■	A
U	T	E	■	K	N	U	T
■	I	G	E	L	■	D	U
A	V	E	■	O	B	O	E

SEITE 117

Australien

SEITE 118

■	B	■	E	■	W	■	R	■
■	E	L	L	B	O	G	E	N
T	I	E	F	■	M	■	U	■
■	■	H	■	B	I	B	E	R
■	B	R	E	I	T	E	■	A
I	R	E	■	K	■	U	N	D
■	A	■	B	I	T	T	E	■
S	U	D	A	N	■	E	M	U
■	T	■	D	I	P	L	O	M

SEITE 119

KLEIDERSCHRANK

SEITE 120

R	I	N	G	F	I	N	G	E	R
O			L		R		U		U
H	O	S	E		R	A	T	T	E
S			I			L			S
E	C	H	S	E		B	E	T	T
I		O		I			C		U
D	A	C	H	B	A	L	K	E	N
E		H		E			E		G

SEITE 121

■	H	■	S	■	L	K	■
F	O	O	T	B	A	L	L
■	R	■	A	■	S	E	T
■	T	O	M	A	T	E	■
V	E	R	M	■	W	■	K
■	N	G	■	G	A	B	E
■	S	E	E	I	G	E	L
N	I	L	■	S	E	I	L
■	E	■	W	A	N	N	E

SEITE 122

KOLIBRI, PELIKAN
AMSEL, FASAN
BUSSARD, DROSSEL

SEITE 123

S	I	E	D	E	A	S	C	A	L	L	A	S	N	S
E	P	N	T	E	T	N	E	N	E	N	U	E	N	R
F	A	K	E	E	I	I	R	R	L	H	F	E	N	E
L	N	A	A	I	H	E	P	N	T	K	S	E	D	G
I	E	A	L	E	T	U	E	N	E	S	P	A	E	E
E	M	K	A	S	R	P	A	L	I	L	I	E	N	R
D	O	E	A	N	O	I	E	Z	U	S	K	O	E	B
E	N	L	M	B	S	L	R	T	A	A	A	E	E	E
R	E	E	T	I	E	A	S	L	E	A	L	I	N	R
L	N	I	L	K	N	H	D	A	H	L	I	E	N	A

SEITE 124

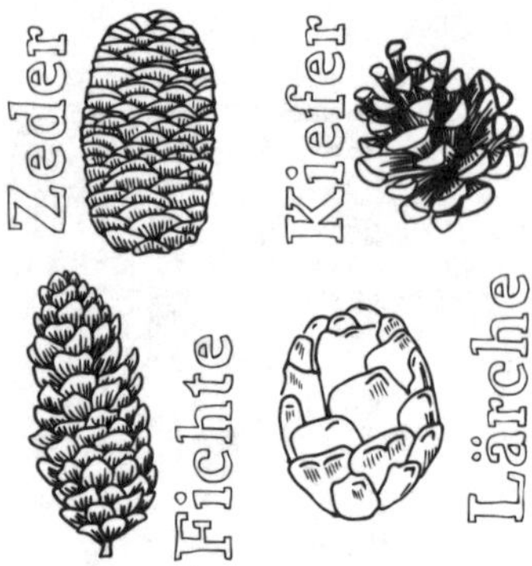

SEITE 125

ELEFANT und
in Afrika und Asien

SEITE 126

Der Orca

SEITE 127

■	■	■	W	I	N	D
■	B	R	I	E	F	■
■	T	E	N	N	I	S
■	B	O	D	E	N	■
■	P	R	E	I	S	■
H	A	L	S	■	■	■
■	L	I	E	B	E	■
■	W	E	I	T	■	■
K	O	H	L	E	■	■
■	■	B	E	T	T	■

SEITE 128

Not macht
erfinderisch.

SEITE 129

■	■	D	■	■	R	■	F
T	R	O	M	P	E	T	E
L	A	M	A	■	G	■	U
■	S	I	■	K	A	T	E
S	I	N	G	U	L	A	R
■	E	O	■	L	■	C	W
■	R	■	Z	I	C	K	E
R	E	B	U	S	■	E	H
■	R	A	G	■	I	R	R